Franz Clemens Brentano

Untersuchungen zur Sinnespsychologie

Verlag
der
Wissenschaften

Franz Clemens Brentano

Untersuchungen zur Sinnespsychologie

ISBN/EAN: 9783957004321

Auflage: 1

Erscheinungsjahr: 2015

Erscheinungsort: Norderstedt, Deutschland

Hergestellt in Europa, USA, Kanada, Australien, Japan
Verlag der Wissenschaften in Hansebooks GmbH, Norderstedt

Cover: Sandro Botticelli "die Geburt der Venus"

Unterſuchungen zur Sinnespſychologie.

Untersuchungen

zur

Sinnespsychologie.

Von

Franz Brentano.

Leipzig,
Verlag von Duncker & Humblot.
1907.

Vorwort.

Von den hier vereinigten Vorträgen wurde einer für den Internationalen Psychologenkongreß in München (1896), ein anderer für den in Rom (1905) ausgearbeitet. Ich gebe sie hier, wie sie sich in den Akten finden, indem ich nur da und dort eine neue Anmerkung beifüge.

Der Vortrag „Über das phänomenale Grün“ ist am 29. Januar 1893 in der Wiener Philosophischen Gesellschaft gehalten worden. Er erscheint, obwohl älter als jene, jetzt zum erstenmal im Druck. Die mannigfachen Ereignisse, welche eine so lange Verzögerung verschuldeten, haben es auch dazu kommen lassen, daß ich ihn seitdem einmal in einem kleineren Kreise von Freunden der Psychologie wiederholte. Ich beschränkte mich damals auf den wesentlicheren Teil und gab auch diesen in ungleich gedrängterer Fassung, indem ich ihn aber zugleich durch neue Erwägungen bereicherte. Diese durften bei der Veröffentlichung nicht fehlen und ich gedachte zunächst, nur sie, daraus ausgehoben, anhangsweise beizufügen. Doch Freunde waren der Meinung, daß, wenn es einerseits sich empfehle, den ursprünglichen Vortrag seinem ganzen Inhalt nach getreu und unverändert vor eine weitere Öffentlichkeit zu bringen, anderseits doch auch die konzentriertere Darstellung als solche Vorzüge der Übersichtlichkeit besitze, welche für den Leser nicht verloren gehen sollten. Bei der Wichtigkeit der behandelten Fragen und dem

Anziehenden des Versuchs, einen scheinbaren Rückschritt zum Mittel des Fortschritts und einen von den Bauleuten verworfenen Stein sozusagen zu einem Eckstein des psychologisch-optischen Gebäudes zu machen, würden die Wiederholungen keinen Überdruß erwecken. Da fügte ich mich denn schließlich ihrem Verlangen und will nur hoffen, daß kein Leser meine Nachgiebigkeit als zu weitgehend mißbilligen werde.

Die bedeutendsten Zugaben in der im Anhang mitgeteilten späteren Darstellung bestehen wohl in dem Vergleich des Weges, der über Grau, und jenes, der über Grün vom Blau zum Gelb führt in bezug auf ihre Länge, sowie in der Verwertung der Erfahrung qualitativer Änderungen des Farbentones bei Herabsetzung des Lichtes und der dadurch möglich gewordenen Aufstellung eines einheitlichen Gesetzes für die Inkompatibilität gesättigter Farben.

Befreundeten Männern gilt öfter im besonderen der Widerspruch, den ich bei wichtigen Fragen gegen hergebrachte Anschauungen erhebe. Einer von ihnen, der mir einst als Schüler nahe gestanden, hat durch wiederholte Äußerungen einer edlen Dankbarkeit mein Anrecht auf Dank schier in eine Dankesschuld verwandelt, die gegenüber einem andern schon darum mir obliegt, weil er wie allen seinen Zeitgenossen auch mir in psychologisch-optischen Fragen vielfach ein Lehrer und Führer geworden ist. Es ist klar, daß unter solchen Umständen meine Polemik keinen feindlichen Charakter haben kann. Daß es aber auch nicht eine Lust am Widersprechen sei, welche mich dazu treibe, Thesen, die sie und mit ihnen schier die Gesamtheit der gegenwärtigen Psychologen verteidigen, zu bekämpfen, dürfte sich alsbald fühlbar machen. Nicht neue Uneinigkeiten möchte ich erzeugen, vielmehr Irrtümer beseitigen, welche, obwohl gemeinsam, doch vielleicht der eigentliche Grund sind, warum angesehene Schulen in anderen wichtigen Fragen zu keiner Einigung gelangen.

Kant sprach von Antinomien, welche in gewissen Fällen vorhanden wären, wo von den Vertretern von kontradiktorischen Sätzen jede Partei im Angriff unwiderstehlich siegreich, in der Verteidigung hoffnungslos verloren sein soll. Die Behauptung ist absurd, und gäbe es wirklich eine solche Lage, so könnte nichts, auch nicht die Unterscheidung von phänomenaler Wahrheit und Wahrheit an sich, das Ansehen der Logik retten. Dagegen ist es recht wohl möglich, daß entgegengesetzte Lehren in einer Art von hypothetischer Antinomie sich befinden, der wir wie einer wirklichen ratlos gegenüberstehen, solange wir nicht auf den Irrtum in einer beiden gemeinsamen Voraussetzung aufmerksam geworden sind.

19. März 1907.

Franz Brentano.

Inhalt.

— —

Druckfehlerberichtigung.

S. 24 statt Spektralen lies Strahlen.

Vom phänomenalen Grün.

Vortrag,

gehalten in der Wiener Philosophischen Gesellschaft
am 29. Januar 1893.

---

1. Schon vor Jahren hat mich die Frage beschäftigt, ob das Grün eine einfache Farbe, oder ob es aus Blau und Gelb zusammengesetzt sei. Und wieder und wieder bin ich zu der Untersuchung zurückgekehrt. Heute glaube ich ihr Ergebnis genugsam gesichert; doch da es der Ansicht der hervorragendsten Forscher unserer Zeit entgegen ist, so würde ich Ihnen aufrichtig dankbar sein, wenn Sie mit recht kritischem Blicke meiner Darlegung folgten.

2. Zunächst gilt es klarzustellen, worum es sich handelt; denn die Vieldeutigkeit gewisser Ausdrücke könnte hier wie anderwärts Mißverständnis und Verwirrung herbeiführen.

Es war eine Zeit, wo man glaubte, unsere Gesichtsempfindungen gäben uns ein wesentlich treues Bild der Außenwelt. Diesen Wahn hat der Fortschritt der Wissenschaft zerstört; wir wissen heute, daß die Lichtstrahlen, welche unsere Gesichtsempfindungen erregen, und die Körper, welche solche Strahlen entsenden oder reflektieren, in ihrer Qualität dem, was uns in der Empfindung erscheint, nicht wahrhaft ähnlich sind. Trotzdem belegen wir ganz so, wie man es früher getan, das Phänomen, die erregenden Strahlen und den die Strahlen erregenden oder reflektierenden Körper mit dem gleichen Namen. Jeder Farbenname ist also vieldeutig geworden, ähnlich wie der Namen gesund vieldeutig ist, wenn wir, wie von einem gesunden Leibe, so auch von einem gesunden Trank, d. h. von

einem Tranke sprechen, der die Gesundheit des Leibes zu be=
wirken geeignet ist.

Da nun der Namen „Grün" äquivok ist, so kann auch die
Frage, ob das Grün eine einfache Farbe oder aus Blau und
Gelb zusammengesetzt sei, in mehrfachem Sinn aufgeworfen
werden.

Bezüglich des „Grün" in dem Sinne, in welchem wir einen
Lichtstrahl grün nennen, war Brewster der Meinung, daß der
grüne Strahl des Sonnenspektrums aus blauen und gelben
Strahlen zusammengesetzt sei, die in gleichem Winkel gebrochen
würden. Aber diese Annahme ist heute, nach dem Falle der
Newtonschen Emissionstheorie, als widerlegt anzusehen. Im
Gegensatze zum weißen Lichtstrahle bezeichnen wir darum den
grünen Strahl des Spektrums als ein einfaches Licht. Also in
diesem Sinn ist das Grün nicht aus Blau und Gelb zusammen=
gesetzt.

Anderes gilt, wenn wir von etwas Grünem in dem Sinne
sprechen, in welchem wir einen Körper grün nennen, der von
weißem Sonnenlichte bestrahlt nur grüne Strahlen zurückwirft.
Hier mag die Prüfung ergeben, daß das Grüne aus Blauem
und Gelbem zusammengesetzt ist, wie es z. B. bei einem grünen
Pigment der Fall ist, welches der Maler durch eine Mischung
von blauer und gelber Flüssigkeit erzeugt. Von den blauen
und gelben Teilchen, die hier in feiner Verteilung miteinander
vermengt werden, und die der Strahl bis zu einer gewissen
Tiefe durchdringt, absorbieren die blauen Teilchen die gelben,
die gelben Teilchen die blauen Lichtstrahlen, während die grünen
von den einen wie andern relativ gut reflektiert werden. Und
so strahlt der Körper ein Licht zurück, welches überwiegend aus
grünen Strahlen besteht [1].

Nicht diese Strahlen sind aus blauen und gelben Strahlen,

aber der die Strahlen reflektierende Körper ist aus blauen und gelben Körperteilchen zusammengesetzt.

Die Frage nach der Zusammensetzung des Grün aus Blau und Gelb, die uns heute beschäftigen soll, ist von den eben berührten wesentlich verschieden und darf nur mit großer Vorsicht mit ihnen in Zusammenhang gebracht werden.

Es handelt sich uns nämlich um das Grün im eigentlichen Sinn, in welchem es nur als Objekt unserer Gesichtsanschauung, nicht aber als in Wirklichkeit bestehend erkannt wird. Und so ist es denn auch eine phänomenale Mischung, eine Mischung aus phänomenalem Blau und Gelb, für welche ich dieses Grün erkläre.

In diesem Sinne sagte einst Goethe, er sehe in dem Grün Blau und Gelb; ganz ähnlich wie ein Musiker sagen würde, daß er aus einer Tonmischung von c und f den Grundton und die Quart heraushöre.

3. Überhaupt war in früheren Zeiten diese Ansicht vorherrschend. Auch die Naturforscher, die sich mit physikalischer und physiologischer Optik beschäftigten, sprachen sich dafür aus. Wenn Brewster, wie eben erwähnt, darauf verfiel, Strahlen von gelbwirkenden und blauwirkenden Korpuskeln durch das Prisma in gleichem Winkel abgelenkt zu denken, so geschah dies nur darum, weil er im Phänomen „Grün" sowohl Blau als Gelb deutlich zu unterscheiden glaubte. Und noch im Jahre 1861 hat Chevreul in seinem „Exposé d'un moyen de définir et de nommer les couleurs" und in den „Cercles chromatiques", die er in dem beigegebenen Atlas konstruierte, nur Gelb, Blau und Rot als einfache Farbenphänomene, Grün aber als Mischung von Gelb und Blau, ähnlich wie Violett als Mischung von Blau und Rot, und Orange als Mischung von Rot und Gelb hingestellt.

4. So ist denn die entgegengesetzte Anschauung verhältnis=
mäßig jungen Datums. Um so bemerkenswerter erscheint es,
daß sie unter den Psychologen und Sinnesphysiologen schon
heute allgemein herrschend genannt werden kann. Helmholtz und
Hering, die wir auf physiologisch=optischem Gebiete als Gegner
zu erblicken gewohnt sind, stimmen in der Leugnung der phäno=
menalen Mischung des Grün aus Blau und Gelb aufs ent=
schiedenste zusammen. Und wie auf diese Namen besten Klanges,
so könnten wir noch auf eine Reihe anderer hochachtbarer
Forscher, wie z. B. auf Mach, Aubert und Brücke, verweisen,
die sich nicht minder überzeugt im gleichen Sinne aussprechen.

5. Werden Sie es mir als Zeichen allzu unabhängigen Sinnes
verübeln, wenn ich mich der neu aufgekommenen Lehre trotzdem
nicht sofort gläubig unterzuordnen vermochte? — Ich hoffe,
nein. Denn blinder Autoritätsglauben ist ja in der Wissen=
schaft nirgends am Platze; um so weniger also in einem Falle,
wo, wie es mir hier begegnete, das eigene Bewußtsein dem,
was mir Neues gelehrt wurde, durchaus widersprach.

6. Eines allerdings war unleugbar; von einer ansehnlichen
Zahl bedeutender zeitgenössischer Forscher hatte keiner in dem
phänomenalen Grün etwas von Blau und Gelb bemerkt. Doch
Goethe, der sich zwar in anderer Beziehung als Naturforscher
manche Blöße gibt, aber, soweit es direkte Beobachtung anlangt,
durchwegs eine unbestritten hohe Befähigung bekundet, hatte
ganz so wie ich selbst es deutlich darin erkennen wollen. Und
dasselbe gilt, wie eben bemerkt, von dem trefflichen Brewster.
Ja auch verschiedene vorzügliche Maler, die doch in der
Unterscheidung der Farben vor andern geübt sein mußten,
fand ich, als ich sie befrug, durchaus mit mir einig. Sollten
wir wirklich alle einer Selbsttäuschung verfallen sein, oder

dürfen wir vielmehr vermuten, daß Helmholtz, Brücke, Aubert, Hering und andere, da es ihnen selbst nicht gelang, in dem Grün Blau und Gelb deutlich zu unterscheiden, daraufhin allzu schnell auf das Nichtvorhandensein dieser Elemente geschlossen hätten? — Ich weiß wohl, daß es bei Versuchen über Tonempfindungen nicht bloß häufig vorkommt, daß jemand in einem Zweiklang die beiden darin enthaltenen Töne nicht zu erkennen vermag und den Akkord für einen einfachen Ton erklärt, sondern daß es gelegentlich auch geschieht, daß einer meint, er höre zwei Töne, wo ihm tatsächlich ein einziger geboten wird. Aber daß einer statt eines einfachen Tones deutlich einen bestimmten Doppelklang zu hören glaubt, ist doch der ungleich seltenere Fall. Und ganz undenkbar wäre ein solcher bei einem für die Auffassung von Tonqualitäten besonders fein geübten Ohre, wie es ein tüchtiger Musiker besitzt, und zumal wenn dieser zehn- und hundertfach die Prüfung wiederholte. Ähnliches scheint dann aber von der vermeinten Irrung der Maler in unserm Fall zu gelten.

7. Nun könnte freilich einer sagen, das Urteil auch des ausgezeichnetsten Malers müsse immer noch hinter dem des wissenschaftlich geschulten Beobachters zurückstehen. Aber ich glaube, eine solche Behauptung wäre nicht unterschiedlos zu billigen. Da Helmholtz die Klangfarbe verschiedener Instrumente analysierte, hat er allerdings darin Töne gefunden, die selbst Mozart nicht zu entdecken vermocht hätte; aber er dankte dies der Anwendung besonderer sinnreich erdachter Apparate, durch welche er die einzelnen Töne verstärkte und für sich vernehmlich machte. So weit es sich dagegen um einfache Auffassung unter gleichen Umständen handelte, wer würde da daran zweifeln, daß Helmholtz so wenig als ein anderer sich in bezug auf Unterscheidung von Tönen einem Mozart überlegen erwiesen hätte? Ähnliches

werden wir denn auch für die Abwägung der Urteile von Malern
und Sinnesphysiologen sagen müssen. Und wo es sich, wie in
unserm Fall, um einfaches Unterscheiden einer Farbennuance
handelt, müssen wir dem Urteile des Malers unbedingt das
größere Gewicht beilegen.

Die Richtigkeit dieser Erwägung hat mir die Erfahrung in
reicher Fülle bestätigt. Von Newtons Zeit bis auf die Gegen=
wart haben oft die ausgezeichnetsten Forscher sehr ungenaue
Farbenbestimmungen gegeben und auch dabei in auffallendster
Weise einander widersprochen. Nehmen wir ein paar Beispiele aus
neuester Zeit: Fick meint, Gelb erscheine ebenso deutlich als Rot=
grün, wie Violett als Rotblau. Dagegen behauptet Hering,
daß eine Farbe, die als rötlich=grünlich zu charakterisieren sei,
überhaupt nicht vorkomme. Der eine widerspricht hier nicht
bloß dem andern, sondern auch beide der wirklichen Erfahrung.
Gelb wird kein Unbefangener Rotgrün nennen. Dagegen be=
sitzen wir im Olivgrün eine in Kunst und Kunsthandwerk
häufig verwendete Farbe[2], welche nicht bloß ins Grüne, sondern
auch zugleich etwas ins Rote spielt. Kein feines Malerauge
konnte dies verkennen. Helmholtz ist nicht bloß hier, sondern
auch in anderen Fällen in seinen Farbenunterscheidungen wenig
glücklich. Bei den Bestimmungen, die er über das binokulare
Sehen gibt, widersprechen seine Angaben dem, was so ziemlich
alle anderen, auch seine sonst treuen Anhänger, gemeinsam
berichten. Und wenn er mit vielen anderen den Unterschied
zwischen Rotbraun und Rot analog dem zu einem Tone denkt,
der leise oder laut gespielt wird, so ist dies ganz unzutreffend.
Nicht den Unterschied eines und desselben Tones leise oder laut
gespielt, sondern den Unterschied eines gleichnamigen Tones
z. B.: a in sehr tiefer Tonlage, verglichen mit dem a in der
Lage des Tones der Stimmgabel könnte man etwa damit in
Parallele bringen.

8. Doch wie immer die Unterscheidungsgabe für Farben im allgemeinen bei Malern die allervorzüglichste sein mag, in unserm Fall glauben die Physiologen einen besonderen Umstand aufweisen zu können, der geeignet sei, die Farbenkünstler zu falschem Urteil zu verleiten; nämlich gewisse Erfahrungen, die sie hundertfach bei der Mischung von Pigmenten machen mußten. Wie schon erwähnt, erhält man durch Mischung von blauen und gelben Pigmenten ein Grün. Da die Maler den physikalischen Zusammenhang nicht zu kennen pflegen, so vermeinten sie begreiflicher Weise, wie in den Pigmenten, so sei auch in dem Strahle Blau zu Gelb hinzugekommen, und dann wohl weiter noch, daß bei der Reizung der Netzhaut durch den Lichtstrahl erregte Phänomen müsse ebenfalls aus Gelb und Blau bestehen. Und nachdem dieses Vorurteil einmal in ihnen sich festgesetzt hatte, konnte es geschehen, daß sie schließlich sich einbildeten, in dem Grün wirklich Blau und Gelb als Bestandteile zu unterscheiden. Durch solche Erwägungen beruhigt, gehen denn auch unsere Physiologen über die widerstreitende Meinung der Maler einfach zur Tagesordnung über.

9. Es ist nun allerdings wahr, daß eine vorgefaßte Meinung sehr geeignet ist, zu allerhand Einbildungen zu führen. Und daß dies auch auf dem Gebiete der Gesichtsempfindungen gilt, dafür liefern gerade die Sinnesphysiologen zuweilen auffallende Belege.

So sind manche der Ansicht, daß, wie das phänomenale Violett ein Mittleres zwischen Blau und Rot, das phänomenale Weiß ein Mittelding zwischen den Regenbogenfarben sei, weil die sämtlichen Strahlen des Regenbogens im gewöhnlichen Sonnenlicht sich zu einem weißen Strahl vereinigen. Selbst Helmholtz wagt in seinem Vortrage „Optisches über Malerei" zu sagen: „Der Eindruck des Weiß ist gemischt aus den Ein=

drücken, welche die einzelnen in dem Lichte enthaltenen Spektral=
farben machen" (Populär wissenschaftliche Vorträge III, Seite 80;
1876). Und doch sollte man meinen, daß jeder, der nur im
geringsten ein Vermögen zur Farbenvergleichung besitze, hier das
Gegenteil erkennen müsse. Und noch erstaunlicher ist es, wenn
eine Reihe von Forschern, und unter ihnen sogar Männer wie
Brücke und Helmholtz, sich von dem Umstande, daß es kein
schwarzes Licht gibt, zu der Behauptung verleiten lassen, daß
die Erscheinung von Schwarz nicht wahrhaft ein positives
Phänomen sei, sondern ähnlich der Stille nur als Mangel eines
Phänomens bemerkt werde. So fest faßten sie die Überzeugung,
daß sie sie auch dann nicht aufgaben, als sie die Erfahrung
machten, daß ein schwacher absteigender Strom durch den Seh=
nerven geleitet das Gesichtsfeld verdunkelt, und dasselbe geschieht,
wenn man ihn die Netzhaut von außen nach innen durchfließen
läßt; und anderseits, daß auch weiße Phänomene ohne Licht=
reiz auftreten. (Eigenlicht der Netzhaut.) Ja Fechner geht
daraufhin noch weiter und erklärt, daß wir, weil unsere Phantasie=
vorstellungen schwächer seien als unsere Empfindungen, und
unsere Netzhaut, durch das sogenannte Eigenlicht der Netzhaut
erregt, es nie zum vollkommenen Dunkel kommen lasse, von den
Phantasievorstellungen unseres Gesichtssinnes sagen müßten, sie
seien schwärzer als das schwärzeste Schwarz, wie wir es etwa
beim Anblick eines Stückes von schwarzem Samt, das auf
weißem Grunde liegt, in dem Gesichtssinne erfahren. Können
Männer der Wissenschaft auf Grund von Vorurteilen solchen
Einbildungen unterliegen, die den klar vorliegenden Erfahrungs=
tatsachen widersprechen, warum sollten Männer der Kunst nicht
in unserm Falle auch einer solchen Verirrung fähig sein?

Denkbar wäre also die Sache wohl, aber wahrscheinlich —
das muß ich denn doch sagen — dünkt mir die gegebene Er=
klärung in keiner Weise. Vor allem, was mich selbst betrifft,

so bin ich mir vollständig darüber klar, daß das Resultat jener Pigmentmischung für die phänomenale Zusammensetzung des Grün aus Blau und Gelb nicht das geringste beweist. Und doch finde ich mich nicht anders als jene Maler geneigt, auf das Zeugnis direkter Anschauung hin an diese Zusammensetzung zu glauben.

Auch sagen uns die Maler nicht bloß, daß das Grün phänomenal aus Blau und Gelb gemischt sei, sondern auch daß es, ähnlich wie Violett in bezug auf Rot und Blau, in jeder Beziehung an den Eigenschaften beider partizipierend, in gewisser Weise zwischen ihnen in der Mitte stehe. Blau nennen die Maler eine kalte, Rot und Gelb warme Farben. Infolge davon nennen sie ein ins Rötliche spielendes Blau ein warmes Blau. Violett gilt ihnen für wärmer als reines Blau, aber für kälter als Rot. Ganz ähnlich urteilen sie nun über Grün in bezug auf Blau und Gelb. Sie rechnen es mit Blau zu den kalten Farben; aber relativ zum Blau erscheint es ihnen bereits warm wegen seiner Annäherung ans Gelb, und um so wärmer, je mehr es sich ihm nähert.

Und wie in Ansehung der sogenannten Kälte und Wärme, so stellen sie in Ansehung der Helligkeit das Grün zwischen Blau und Gelb; natürlich unter der Voraussetzung, daß weder eine Einmischung von Schwarz noch von Weiß die Erscheinungen merklich alteriere. All das stimmt zu der behaupteten phäno=menalen Mischung von Blau und Gelb zu Grün, hat aber auf den Vorgang der Pigmentmischung nicht die geringste Beziehung. Und so sehen wir denn, daß die Maler, selbst wenn sie mit ihrer Ansicht von der phänomenalen Mischung von Blau und Gelb im Irrtum wären, jedenfalls nicht durch die Erfahrung bei Pigmentmischungen allein, sondern auch noch durch die Be=obachtung besonderer Eigenschaften, welche sehr wohl mit der Annahme phänomenaler Mischung harmonieren, verführt worden wären. In der Tat, wer jemals Pinsel und Palette zur Hand genommen hat, der weiß, daß die Maler nicht bloß aus blauen und gelben, sondern auch aus schwarzen und gelben Pigmenten Grün mischen. Also, wenn nicht der Charakter der Phänomene selbst maßgebend gemacht wird, warum nicht ebensogut sagen, daß das Phänomen Grün aus Schwarz und Gelb bestehe? Das aber behaupten die Maler nicht, wie sie denn auch aus einer Mischung von roten und grünen Pigmenten ein Grau herstellen, und doch auf die Frage, ob das Phänomen Grau eine Mischung der Phänomene Rot und Grün sei, es vielmehr wie der gemeine Mann für eine Mischung von Schwarz und Weiß erklären.

Wir sehen also, jene Argumentation moderner Sinnesphysiologen scheint keineswegs so geeignet, als sie selber glauben, unser Vertrauen auf das allgemeine Urteil der Maler zu erschüttern. Und bei den starken Versehen, die sie selbst, wie gezeigt, bei der Beschreibung der Gesichtsphänomene anderweitig begangen haben, dürfen wir wohl sagen, daß, wenn sie nichts als das eine für ihre neue Lehre vorzubringen hätten, daß sie nämlich nicht imstande seien, etwas von Blau und Gelb im Grün zu entdecken, die entgegenstehende Aussage eines so vorzüglichen Richters, wie das geübte Malerauge es hier ist, unbedingt als überwiegende Autorität uns maßgebend werden müßte.

10. In der Tat haben sie aber eine ganze Reihe weiterer Argumente erbracht, die wir nun im einzelnen zu prüfen haben werden. Wir können sie in zwei Klassen scheiden. Die einen sind allgemeinerer Art; sie leugnen, daß das phänomenale Grün als eine Zusammensetzung aus Blau und Gelb betrachtet werden dürfe, weil es eine zusammengesetzte Farbe überhaupt nicht geben könne. Die anderen greifen nicht so weit, sondern treffen nur die besondere Frage.

11. Betrachten wir zunächst die erste Klasse. Daß eine phänomenal zusammengesetzte Farbe überhaupt nicht vorkommen könne, wurde und wird von sehr namhaften Forschern, wie z. B. von Helmholtz und Brücke, behauptet. Man bringt dafür zwei Argumente.

1) Es gibt zusammengesetzte Klänge, wie z. B. die Akkorde es sind; und es gibt ebenso zusammengesetzte Erscheinungen niederer Sinne, wie wir z. B. von einem bittersüßen Geschmack (Geschmacksakkord) reden. Eine zusammengesetzte Farbe (Farbenakkord) erscheint aber vermöge der exzeptionellen Eigentümlichkeit des Gesichtssinnes unmöglich. Gäbe es eine, so würde sie gewiß unter analogen Umständen wie die zusammengesetzten Qualitäten anderer Sinne entstehen; also insbesondere in dem Falle gleichzeitiger Reizung durch mehrere und verschiedenartige Erreger würden wir eine Qualität bekommen, welche sich als die Zusammensetzung derjenigen Farben, die von diesen vereinzelt erregt werden, darbieten würde. So erhalten wir einen säuerlichsüßen Geschmack, wenn wir etwas Saueres mit Zucker genießen, und hören einen Mehrklang, indem wir gleichzeitig verschiedene Arten von Sinuswellen das Ohr treffen lassen. Hiernach müßte der nicht zerlegte Sonnenstrahl, in welchem die rot, orange, gelb, grün, blau und violett wirkenden Lichtwellen vereinigt sind, die Erscheinung einer vielfach zusammengesetzten Farbe erwecken, alle Regenbogenfarben müßten darin deutlich erkennbar sein. Wir wissen, daß das Gegenteil der Fall ist; wir bekommen Weiß, das, wenn irgendetwas, den Eindruck einer einfachen Qualität bietet. Nicht eine Spur von Rot, Blau und dergleichen vermag auch das feinste Auge darin zu entdecken. Noch ein Beispiel! Wenn wir violette und orangefarbige Strahlen des Spektrums in gewissem Verhältnisse mischen, so erhalten wir eine Farbe, die zwar manche für eine zusammengesetzte Farbe erklären wollen, aber nicht aus Violett und

Orange, oder (wenn wir Violett als Blaurot und Orange als Rotgelb bezeichnen) aus Blau, Rot und Gelb, sondern aus Rot und Weiß; es ist tatsächlich das Resultat ein wenig gesättigtes Rot.

Wir müssen also daraus schließen, daß der Gesichtssinn einer zusammengesetzten Farbe nicht fähig ist.

2) Dies Ergebnis wird auch noch durch andere Erfahrungen bestätigt. Wenn es zusammengesetzte Farben gäbe, ähnlich wie es zusammengesetzte Töne gibt, so müßten verschiedene Farben phänomenal einander durchdringen können, ähnlich wie Töne, wenn wir einen Mehrklang hören, sich phänomenal durchdringen. Aber die Erfahrung zeigt, daß dies unmöglich ist. Wie in Wirklichkeit die Körper wechselseitig undurchdringlich sind, so schließen phänomenal die Farben einander aus. Recht auffallend tritt dies bei den Erscheinungen des binokularen Sehens hervor. Wenn wir vor das eine Auge ein rotes, vor das andere ein blaues Glas nehmen und einen weißen Gegenstand betrachten, so sehen wir ihn entweder rot oder blau; vielleicht auch abwechselnd bald in der einen, bald in der andern Farbe (was man den Wettstreit der Sehfelder genannt hat); aber nie zugleich rot und blau, außer etwa stellenweise, indem der eine Teil blau, der andere rot und so das Ganze gefleckt erscheint; ein deutlicher Beweis, daß die beiden Farben sich nicht phänomenal zu durchdringen vermögen. Somit ist jedes Analogon zu einem Mehrklang oder einem zusammengesetzten Geschmack, Geruch, Gefühl auf dem Gebiet des Gesichtssinnes durch ein eigentümliches Gesetz dieses Sinnes durchwegs ausgeschlossen.

Das also sind im wesentlichen die Gründe, welche in allgemeiner Weise erbracht werden.

12. Die Einwände sind scharfsinnig erdacht. Aber dennoch machten sie mir immer nur den Eindruck von Objektionen, deren Lösung vielleicht nicht ohne Schwierigkeit ist, bei welchen aber von vornherein feststeht, daß sie in irgend einer Weise lösbar sein müssen, wie dies ja z. B. auch von den Objektionen des Eleaten Zeno gegen die Möglichkeit einer Bewegung gesagt werden kann. Daß ein Widerspruch in der Bewegung nicht besteht, ist außer Zweifel, da wir sie sonst so wenig wie anderes sich Widersprechende anschaulich vorzustellen vermöchten. Wenn nun Zeno durch eine verfängliche Dialektik diese Widersprüche aufweisen will, so können seine Schlüsse mich nicht überzeugen, auch wenn ich zunächst außer stande bin, die Paralogismen genügend zu analysieren. Ähnliches aber gilt in unserm Falle. Alle Welt sagt von gewissen Farben, sie seien die eine weißlichrot, eine andere rötlichgelb, eine dritte grünlichgelb, eine vierte weißlichviolett usw. Selbst die Anhänger der eben besprochenen Lehre bedienen sich dieser zusammengesetzten Ausdrücke zur Beschreibung der betreffenden Phänomene. Damit scheinen sie nun aber aufs klarste gegen sich selbst Zeugnis zu geben. Und so spricht sich denn auch nicht allein die altüberlieferte Anschauung, sondern auch ein großer Teil der zeitgenössischen Sinnesphysiologen noch immer mit Entschiedenheit dafür aus, daß auch bei phänomenalen Farben Zusammensetzungen aus mehreren unleugbar seien. Aubert, Mach, Hering und viele andere behaupten ganz so wie die Maler, daß Grau deutlich aus Schwarz und Weiß, Orange aus Gelb und Rot, Violett aus Rot und Blau zusammengesetzt erscheine, ja daß z. B. in einem weißlichen Orange deutlich eine Dreiheit, in einem grauen Violett eine Vierheit von Farben (Schwarz, Weiß, Rot und Blau) als Bestandteile zu erkennen seien.

Diejenigen, die, wie Helmholtz, die phänomenale Farbenzusammensetzung allgemein in Abrede stellen, suchen sich hier in folgender Weise zu helfen. Sie sagen: Wenn man eine Farbe als ein gelbliches Rot bezeichnet, so tut man dies nicht, weil man in ihr Gelb dem Rot beigesellt, sondern weil man sie dem Rot sehr ähnlich, aber doch etwas von ihm abweichend und in seiner Abweichung Gelb genähert findet. Es ist, wie wenn ein Musiker einen Ton nicht als reines h, sondern als ein wegen einer kleinen Abweichung, die ihn dem c annähert, unreines h bezeichnet. Das unrein scheint eine Beimischung anzudeuten, und welche andere könnte gemeint sein als eine schwache Beimischung von c? Aber genau gesprochen handelt es sich nicht um eine Beimischung von c, sondern um eine Annäherung. Der Ton, an und für sich so einfach wie h, liegt doch zwischen ihm und c und hat nur von den Musikern keinen besonderen Namen erhalten. Ähnliches also gilt von dem gelblichen Rot und vielen anderen Farben; und wir vermeiden durch eine solche Bezeichnungsweise eine unermeßliche Vervielfältigung. Wir wollen also nur sagen, diese einfache Farbe liege zwischen denen, die wir als Rot und Gelb zu bezeichnen pflegen.

Aber diese Auffassung ist schlechterdings als unhaltbar zu bezeichnen.

Die Ähnlichkeit, die Orange einerseits mit Rot und anderseits mit Gelb hat, ist nicht derjenigen zu vergleichen, die etwa einem Ton zwischen c und e, z. B. dem zwischen ihnen gelegenen d, mit jenem tieferen und diesem höheren Ton zugeschrieben werden kann, sondern offenbar derjenigen, welche der Zweiklang c e mit den beiden Komponenten zeigt. Man erkennt darin die beiden Farben, wie man dort die beiden Töne heraushört.

Auch der Vergleich mit zeitlichen und räumlichen Bestimmungen mag dienen, die versuchte Deutung als unannehmbar erkennen zu lassen. Ein Zeitmoment, welcher zwischen zwei anderen liegt, kann jedem von beiden relativ ähnlich genannt werden. Diese stehen ja nur darum weiter voneinander ab, weil sie einander minder ähnlich sind, und viele erhalten, um einer Vermehrung ins Unendliche vorzubeugen, keinen besonderen einfachen Namen, werden vielmehr durch Beziehung auf solche, zwischen denen sie liegen, bestimmt. So sprechen wir von drei und ein Viertel Uhr, halb sechs Uhr und dergleichen. Aber wem fiele es daraufhin hier ein, den mittleren als eine Mischung der Extreme anzusehen? Und dasselbe zeigt sich, wenn wir räumliche Richtungen benennen, und während wir der Richtung nach Norden, Osten, Süden, Westen selbständige Namen geben, andere nur mit Beziehung auf sie als Nordost, Südsüdwest und dergleichen bezeichnen. Eine Versuchung, diese letzteren für Mischungen aus mehreren Elementen zu halten und zu glauben, daß man diese in ihnen als Bestandteile erkenne, hat daraus wohl noch für keinen Vernünftigen sich ergeben.

Nicht weil eine Farbe in gewisser Weise in der Mitte zwischen Weiß, Rot und Gelb erkannt wird, bezeichnen wir sie als ein weißliches Rotgelb, sondern weil wir, sukzessive auf die einzelnen Farben sie prüfend (wie wir die Töne eines Mehr=klanges herausanalysieren), jetzt Gelb, dann Rot, endlich auch noch Weiß darin zu entdecken vermögen, pflegen wir das Phänomen als ein zwischen Rot, Gelb und Weiß in der Mitte stehendes zu bezeichnen. Also in der Art etwa, wie wir von einem aus Zink und Kupfer gemengten Metall sagen könnten, daß es als ein Mittleres zwischen ihnen zu betrachten sei.

13. Was wir so aufs entschiedenste festhalten müssen, läßt sich nun auch gegen die erhobenen Einwände vollkommen sieg=reich verteidigen.

Es wurde gesagt, Farben seien für einander undurch=bringlich; phänomenal schlössen sich zwei Farben ebenso aus, wie zwei Körper sich in Wirklichkeit ausschließen; es sei unmöglich, daß zwei denselben Teil des Gesichtsfeldes gleichzeitig einnähmen.

Hierfür wurden insbesondere gewisse Erfahrungen des binokularen Sehens, wie die Erscheinungen des Wettstreits, geltend gemacht.

Hier beruht die Behauptung der phänomenalen Undurchdringlichkeit der Farben in der Tat auf Wahrheit. Aber mit dieser Undurchdringlichkeit ist es recht wohl vereinbar, daß wir mehrere Farben zugleich sehen, wie z. B. wenn die eine die rechte, die andere die linke Hälfte des Gesichtsfeldes einnimmt. Und so könnte auch das ganze Gesichtsfeld in kleinere Teile zerlegt gedacht werden, welche abwechselnd von einer von mehreren Farben eingenommen würden. Ist dies zugestanden, so ist es leicht ersichtlich, wie es bei voller Wahrung der Undurchdringlichkeit zu einer Mischfarbe kommen kann. Es ist nämlich bekannt, daß sehr kleine phänomenale Teile für sich unmerklich sind. Denken wir nun das Gesichtsfeld in unmerklich kleinen Teilen wechselweise von zwei Farben, z. B. von Rot und Blau erfüllt, so wird keiner für sich merklich sein, das ganze Gesichtsfeld aber recht wohl bemerkt werden, und seine Farbe ohne deutliche Unterscheidung der verschiedenen Parzellen doch als eine Vereinigung von Rot und Blau erscheinen. Sie muß das sein, was wir jetzt violett nennen.

Ähnlich wäre eine Farbenmischung denkbar, worin drei, vier, ja alle einfachen Farben sich vereinigt zeigten, und das Gesetz der Undurchdringlichkeit wäre keineswegs verletzt.

Ich füge bei, daß es sich auf dem Gebiete des Schalles und bei den niederen Sinnen ganz ähnlich verhält. Für alle Sinne besteht das Gesetz der Undurchdringlichkeit. So bemerken wir ja, daß ein sehr starker Knall, ein Mühlengeklapper, ein Trommelwirbel oder sonst ein starker Schall andere Töne ausschließt. Von dem Moment des Auftretens an nimmt er sozusagen den ganzen Raum des Gehörs ein. Wir hören z. B. beim Eintreten in die Mühle nicht, was unser Begleiter spricht oder singt. Trotzdem kommt es zu Mehrklängen, und dies darf uns nicht wundern. Denn wie das Sinnesfeld des Gesichts kann auch der Sinnesraum des Gehörs in verschiedenen Teilen von vielfachen Tönen erfüllt sein, von welchen ob ihrer Kleinheit im einzelnen und ob der undeutlichen Lokalisation, die dem Gehör durchwegs eignet, öfter noch als bei dem Gesichtsfeld, ja ganz allgemein, der Eindruck eines gemischten Schalles entstehen wird. Sogar wenn der eine Ton mit dem einen, der andere mit dem andern Ohr gehört wird, wo doch der deutlichste Lokalisationsunterschied, der überhaupt auf dem Gebiet des Gehörs vorkommt, gegeben ist, haben wir den Eindruck der Mischung. Und wiederum geschieht solches bei den niederen Sinnen, z. B. Druck- und Wärmeempfindungen und beim Geschmack. Bei dem bittersüßen Geschmack steht die Verschiedenheit der Lokalisation der Teile um so mehr außer Zweifel, als das Bittere mehr gegen den Gaumen hin, das Süße mehr auf der Spitze der Zunge empfunden zu werden pflegt. Sogar Geruchseindrücke und Geschmackseindrücke können sich zu einem Sinnesphänomen vereinigen, welches als ein Gemisch von Eigentümlichkeiten beider aufgefaßt wird. Das Verschließen der Nase hat in manchen Fällen erst davon überzeugt, daß nicht das Ganze auf Zungenreiz zurückgeführt werden kann. So ist also dieser Einwand, obwohl die Undurchdringlichkeit der phänomenalen Farben außer Zweifel steht, ohne alle Kraft.

Was aber insbesondere die Erscheinungen des binokularen Sehens anlangt, so ist es keineswegs richtig, daß zwei Farben, von welchen die eine durch das eine, die andere durch das andere Auge aufgenommen wird, sich nie zu einem Mischphänomen vereinigen. Wenn Helmholtz dies behauptet, so widersprechen ihm doch meines Wissens alle andern Forscher, und sogar Brücke, der ihm in seinen physiologisch-optischen Ansichten sonst nahe steht. Insbesondere gelingt die Mischung leicht, wenn die beiden Farben wenig gesättigt sind.

Freilich gibt es daneben auch Fälle, wo von den Farben die eine sich nicht sowohl mit der anderen mischt, als sie verdrängt, entweder bleibend oder sukzessiv wechselnd (sogenannte Fälle des Wettstreites). Aber sogar in diesen pflegt die genauere Beobachtung zu zeigen, daß in die verdrängende Farbe, wenn auch in kleinem Prozentsatze, etwas von der verdrängten Farbe eingemischt ist und den Ton der verdrängenden nach Art der verdrängten modifiziert. So ist der eine der beiden Einwände wohl vollkommen erledigt.

14. Und nicht schwieriger ist es, den andern als unkräftig zu erweisen.

Könnte es zusammengesetzte Farben geben, sagt man, so wäre nach der Analogie zu andern Sinnen zu erwarten, daß orangefarbiges und violettes Licht zu einer zusammengesetzten Farbe, sozusagen zu einem Farbenakkord von Orange und Violett sich vereinigten. Sie ergeben aber ein weißliches Rot. Und ebenso führt die Mischung aller Spektralfarben nicht zu einem aus ihnen allen zusammengesetzten Akkord, sondern zu einem einfachen Weiß.

Ich antworte: Man verlangt Analogie und leugnet doch mehr als jeder andere Analogie. Denn was wäre mehr der Analogie zu allen andern Sinnen entgegen, als wenn beim Gesicht keine Zusammensetzungen von Qualitäten vorkämen? Gehör, Geschmack, Geruch, Gefühl zeigen sie gleichmäßig. Indem wir diese also behaupten, haben zunächst wir, nicht aber die Gegner, die Analogie für uns.

Und mehr noch, wenn anderwärts ein Gesetz besteht, wonach bei einer Kombination von Reizen, von welchen jeder einzelne eine einfache Qualität hervorruft, eine zusammengesetzte erzeugt wird, welche jene einfachen als Komponenten enthält, so werden wir auch hier ein solches Gesetz recht wohl annehmen können. Viele Fälle lassen sich ihm in schönster Weise unterordnen:

z. B.: Rot und Gelb — Orange
Rot und Weiß — Weißlichrot,
Blau und Rot — Violett u. dergl.

Wenn dies aber in anderen Versuchen nicht ebenso gelingt, so lassen sich die Fälle unbedenklich aus der Komplikation des Gesetzes mit anderen Gesetzen begreifen, welche als Eigentümlichkeiten des Gesichtssinnes schon anderweitig konstatiert sind und von niemand bestritten werden. Und auch diese sind nicht in der Art dem Gesichtsinn allein eigen, daß sie etwas ganz Fremdartiges wären. Vielmehr erweisen sie sich wesentlich als Steigerungen und besondere Ausbildungen von Eigenheiten, denen wir auch anderwärts auf dem Sinnesgebiet begegnen. Es sind dieser Eigentümlichkeiten im letzten Grunde zwei.

1) Beim Gesichtssinn kann ein und derselbe Reiz, also z. B. ein und dieselbe einfache Art von Lichtwellen zu mehreren Spezies von Qualitäten anregen; so z. B. Orangewellen; anders der Tonsinn bei Sinuswellen[3]. Dennoch ist die abweichende Erscheinung nicht allzubefremdlich, und nicht ohne Analogie im Sinnesgebiet überhaupt. Ein Druck auf die Hand gibt die sogenannte Druckempfindung, derselbe auf das Auge eine Lichtempfindung. Ähnlich gibt derselbe elektrische Strom im Auge Hell und Dunkel und diese oder jene Farben, auf der Zunge Geschmack. Derselbe Strahl weckt auf die Netzhaut fallend Farbe, auf die Hand eine Wärmeempfindung. Verschiedene Sinne reagieren auf denselben Reiz heterogen. Es gilt hier das Gesetz von der spezifischen Energie der Sinne. Dieses Gesetz wird nicht bloß heutzutage von den Sinnesphysiologen ersten Ranges noch festgehalten, sondern seit Thomas Young, oder wenigstens seit Helmholtz sich das Verdienst er-

worben hat, auf die Bedeutung von Youngs Hypothese hin=
zuweisen, neigen sie auch zu der Annahme, daß es wie für die
Gattung, so auch für die Art der Qualität zutreffend sei, ohne
daß freilich damit gesagt sein soll, daß dem Nerven und nicht
vielmehr dem zentralen Organ der spezifizierende Einfluß zukomme.
Wenn nun dies, warum nicht auch annehmen, daß derselbe Reiz
wie in verschiedenen Sinnen Heterogenes, in demselben Sinne
spezifisch Verschiedenes bewirken könne, und daß dies beim Gesichts=
sinn wirklich der Fall sei*. Es handelt sich hier also um nichts
anderes als um eine Steigerung von auch anderwärts Be=
kanntem, und auch unsere Gegner geben die betreffenden Tat=
sachen zu.

2) Beim Gesichtssinn geschieht es besonders leicht und unter
besonders mannigfaltigen Bedingungen, die wenigstens wir bei
unsern mangelhaften physiologischen Kenntnissen noch nicht auf
ein Prinzip zurückzuführen vermögen, daß eine von zwei
Qualitäten, für welche die Reizung gegeben ist, die andere ver=
drängt. Wir haben eben von den Erscheinungen des Wettstreits
gesprochen, die deutlich dafür Zeugnis geben, und zugleich auch
darauf aufmerksam gemacht, daß es nicht ohne alle Analogie
mit anderen Sinnen ist, insofern auch hier manchmal volle Ver=
drängung statt Mischung statthat. Aber die gesteigerte Be=
deutung der Verdrängung auf dem Gebiet des Gesichtssinnes
ist außer Frage, und wir dürfen mit aller Wahrscheinlichkeit
annehmen, daß auch in andern Fällen solches Verdrängen vor=
komme, sobald wir daraus gewisse auffallende Erscheinungen be=
greiflich machen können. So denn vor allem bei einer merk=
würdigen Eigenheit des Gesichtssinnes gegenüber dem Gehörssinn;
nämlich daß dieselben Lichtwellen in verschiedener Stärke ver=
schiedene Qualitäten erzeugen, z. B. spektrales Rot, stärker erregt
Gelblichrot, Gelb, Weißlichgelb; spektrales Blau, schwächer er=
regt Rötlichblau, stärker erregt Weißlichblau, Weiß usw. Beim

Gesichtsfinn gilt dies durchwegs; beim Gehör ist es, wie gesagt, ohne Analogie. Wir können es aber mit Leichtigkeit durch Rückführung auf die eben besprochenen und allgemein zugestandenen Eigenheiten begreifen. Wir brauchen zu dem Behuf nur anzunehmen, jede Welle reize außer den die besondere Farbe empfindenden auch andere und insbesondere ein Weiß empfindendes Nervenelement (vgl. Satz 1). Es werde aber dieses Weiß unter der Bedingung gewöhnlicher Stärke der Welle verdrängt, während eine Erhöhung der Stärke das Weiß im Wettstreit mehr und mehr siegen lasse.

15. Und so wie diese zunächst so befremdliche Eigenheit bei solcher Betrachtung aufhört befremdlich zu sein, sind wir dann auch zur Erklärung der Erscheinungen befähigt, die Helmholtz und andere dazu verführten, dem Gesichtssinn im Gegensatz zu allem, was die Analogie zu den übrigen Sinnen verlangt, jede Möglichkeit zusammengesetzter Qualitäten abzusprechen.

Die eine war, daß die Spektralfarben im Sonnenstrahl gemischt statt einer zu erwartenden phänomenalen Zusammensetzung Weiß geben. Unsere Erklärung ist einfach. Jede einzelne Wellenart, nahmen wir eben an, suche außer der Empfindung, welche sie wirklich wachruft, immer auch Weiß zu erregen. Dies werde aber oft durch die besondere Farbenempfindung, die angeregt wird, verdrängt; während unter anderen Bedingungen das Weiß hervortrete, ja seinerseits diese Farbe verdränge. Wie nun eine solche Bedingung durch Steigerung der Reizstärke gegeben schien, so dürfen wir annehmen, daß sie auch gegeben sei, wenn verschiedene Arten von Wellen vereinigt ihre Reize ausüben. So erschienen denn insbesondere bei der Wirkung der vereinigten Sonnenstrahlen die Spektralfarben, wie umgekehrt bei ihrer Sonderung das Weiß ganz oder überwiegend verdrängt. So ordnet sich der Fall ohne Schwierigkeit unter und zeigt sich in keiner Weise als Verstoß gegen die Gesetze. Die phänomenale Zusammensetzung aus den durch die einfachen Spektralen hervorgerufenen Farben war ja nicht unbedingt, sondern nur im Falle, daß sie nicht verdrängt werde, zu erwarten.

16. Läßt sich so dieser Fall begreifen, so zeigt sich auch der andere, der Anstoß geben konnte, in schönster Harmonie mit dem, was wir von allgemeinen Gesetzen gefunden haben. Es wurde hervorgehoben, daß mehrere Arten von Wellen, vereinigt wirkend, oft eine Zusammensetzung ergeben, welche von der der Komponenten verschieden ist, zum Beispiel Orange und Violett ein Rotweiß. Die Erklärung ist höchst einfach. Was war für den Fall, daß von den Farben keine bei der Mischung verdrängt würde, zu erwarten? — Orange, Violett, d. h. Gelb=rot=rot=blau; darunter Rot mit besonderem Nachdruck. Das Resultat zeigt, daß das Weiß die Farben teilweise verdrängt hat. Aber neben ihm ist das Rot entsprechend der vorzüglichen Begünstigung, die in den Bedingungen lag, durchgedrungen. So können wir denn von solchen Ergebnissen nach dem allgemein Erörterten in keiner Weise überrascht sein.

Und so zeigt sich, daß von der ersten Klasse der zweite Einwand ebensowenig wie der zuvor betrachtete Beweiskraft besitzt.

17. Wenden wir uns also zu den Argumenten der zweiten Klasse. Es wird hier die Tatsache, daß es phänomenal zu=sammengesetzte Farben gibt, im allgemeinen unbeanstandet ge=lassen, und nur im besonderen die Zusammensetzung des Grün aus Blau und Gelb bestritten. Ich kann das Wesentliche hier in sechs Punkten zusammenfassen:

1) die geringere Merklichkeit, welche in diesem Falle von Zusammensetzung zweier Farben im Vergleich mit allen anderen bestehen würde,

2) das gegensätzliche Verhältnis von Grün zu Rot,

3) die Unmöglichkeit, aus blauem und gelbem Licht Grün zu mischen,

4) die Erscheinungen der Nachbilder,

5) die Beobachtungen an Farbenblinden,

6) das Verharren des Grün im Spektrum bei abnehmender Lichtstärke.

Ich werde jedes der Argumente in kurzer Ausführung darlegen und dann zeigen, warum ich es es für unkräftig halte.

18. **Erstens.** Wenn Grün Blaugelb wäre, so müßte man, so oft jedes der beiden Elemente in beträchtlichem Maß darin enthalten, sie ebenso leicht darin unterscheiden, als in solchem Falle im weißlichen Rot Weiß und Rot, im Violett Rot und Blau, im Orange Rot und Gelb u. s. f. unterschieden werden. Das Gegenteil ist offenbar.

Der Einwand kann aber nur den beirren, welcher die Erfahrungen auf anderen Sinnesgebieten unbeachtet läßt. Haben wir hier doch nichts, was nicht ähnlich auf dem Gebiet des Gehörs gefunden wird, wo die Sekund ungleich leichter als die Terz, und diese wieder als die Quart oder Quint als eine Mehrheit von Tönen erkannt werden.

19. **Zweitens.** So wie Weiß und Schwarz sind auch Gelb und Blau und Rot und Grün phänomenale Extreme. Sie kontrastieren, d. h. sie sind Gegensätze. Der Gegensatz einer einfachen Farbe muß nun natürlich selbst eine einfache Farbe sein. Und wie Weiß, ist es darum auch Schwarz, wie Gelb auch Blau, wie Rot muß es darum auch Grün sein.

Ich antworte: daß Rot und Grün, oder auch Blau und Gelb phänomenale Gegensätze seien, muß aufs entschiedenste bestritten werden. Sie sind es so wenig als zwei Tonqualitäten innerhalb der Oktave. Weder Aristoteles noch Lionardo noch irgend ein anderer Unbefangener ist je darauf verfallen, auf dem Gebiet des Gesichts einen andern Gegensatz als den von Schwarz und Weiß aufzustellen. Und wenn Sie zurückdenken, so gab es eine Zeit, wo Sie noch nicht dem wissenschaftlichen Ausdruck Kontrastfarbe begegnet waren, und wo Sie ebensowenig auf den Einfall gekommen wären.

Richtig ist nur, daß das Rot das Grün und dieses das Rot, wenn es ihm zeitlich vorhergeht oder räumlich nahegebracht wird, hebt, ja es ganz neu entstehen läßt, wie das Weiß das Schwarz und das Schwarz das Weiß. Aber dies ist zunächst eine genetische Beziehung, und wenn man, weil Schwarz und Weiß wirklich Gegensätze sind, daraufhin auch jene ohne weiteres als Gegensätze zu bezeichnen sich erlaubte, so war dies eigentlich ein Mißbrauch der Sprache.

Und um so weniger kann man daraus schließen, daß Grün wie Rot eine einfache Farbe sein müsse, als, genau gesehen, auch die Kontrastfarbe zu reinem Blau nicht reines Gelb, sondern rötliches Gelb, und die zu reinem Gelb nicht reines Blau, sondern rötliches Blau ist, also in diesen beiden Fällen eine unzweifelhaft zusammengesetzte Farbe die Kontrastfarbe einer einfachen bildet.

20. **Drittens.** Es gibt Farben, welche sich miteinander schlechterdings unverträglich erweisen, und dies ist insbesondere bei Blau und Gelb der Fall. Somit kann auch Grün kein Blaugelb sein. Den Beweis für die Unverträglichkeit liefert jeder Mischungsversuch, wir bekommen unter Umständen ein weißliches Blau, unter andern ein weißliches Gelb, und bei einem gewissen mittleren Verhältnis auch nicht Blaugelb, sondern reines Weiß.

Wir können sie antagonistische Farben nennen. Jede wirkt der andern mit ganzer Kraft entgegen, und sind die Kräfte gleich), so heben sie sich gegenseitig auf, und etwas im engeren Sinne Farbloses bleibt zurück. Ist Blaugelb solchergestalt unmöglich, so kann auch nicht Grün als Blaugelb gefaßt werden. Vielmehr ist es ebenso wie eine von diesen eine einfache Farbe, die auch ihren Antagonisten hat in dem einfachen Rot, weshalb denn ein Rotgrün so wenig als ein Blaugelb zustande kommen kann.

Dieses Argument glaubt man von großer Kraft. Ich hoffe aber zu zeigen, daß es aus vielfachem Grunde hinfällig ist.

Einmal beruht es auf ungenauer Beobachtung der Tatsache; dann ist die Erklärung der Tatsache unzulässig, und endlich sind die daraus gezogenen Folgerungen nichts weniger als gesichert. Was das erste betrifft, so ist richtig, daß gelbes und blaues Licht objektiv gemischt ein sehr weißliches Phänomen erzeugen, in welchem viele auch nicht den geringsten Stich ins Grüne erkennen wollen. Dennoch haben nicht bloß ich, sondern sehr viele Beobachter ihn deutlich darin gefunden.

Bei Versuchen, die ich anstellte, nahm ich ein Blau und ein Gelb, welche nach den Aussagen der betreffenden Beobachter eher ins Rote als Grüne spielten, aber allerdings auch vom Rot nahezu frei waren. Nach den Aussagen derselben Beobachter spielte das bei der Mischung auf dem Farbenkreisel entstehende Grau etwas ins Grüne. Nur wenn in eine oder beide Farben merklicher Rot eingemischt war, konnte in der Mischfarbe nichts von Grün erkannt werden.

Damit stimmt es, wenn Sinnesphysiologen, wie z. B. Fick und Helmholtz, sagen, daß Goldgelb mit Blau, Gelb aber mit Indigo zu reinem Weiß sich mischen lassen. Im Goldgelb und im Indigo ist ja sehr merklich Rot enthalten. So ist denn, wie gesagt, vor allem die Tatsache nicht ganz genau beschrieben.

Noch weniger aber als mit der Beschreibung kann ich mich mit der Erklärung zufrieden geben.

Es wird behauptet, Blau und Gelb seien unverträgliche Farben. Dieser Begriff wird neu eingeführt und nimmt eine absonderliche Eigenheit des Gesichtssinnes an, der nichts Ähnliches auf dem Gebiet des Gehörs entsprechen würde[5]. Dazu werden wir uns doch nur dann verstehen, wenn wir den Tatsachen nicht auch ohne diese Annahme auf Grund anderweitig gesicherter Prinzipien gerecht werden können. Aber eben dies scheint mir der Fall. Denken Sie nur zurück an die Tatsache der Verdrängung, von der wir schon früher zeigten, wie sie (und zwar auch wo es sich sicher nicht um unverträgliche Farbenpaare handelt) auf dem Gebiet des Gesichtssinnes eine große Rolle spielt, indem z. B. der binokulare Wettstreit darin seinen Grund hat. Es ist einleuchtend, daß wir in ähnlicher Art, wie wir in früher betrachteten Fällen das Hervortreten des Weiß in der Mischung verstehen konnten, es auch hier zu tun vermögen. Ja um so weniger würde es sich empfehlen, von der alten Erklärungsweise abgehend, den Weg jener neuen Hypothese zu betreten, als wir doch zu ihr zurückkehren müßten, indem sich das neue Prinzip unfähig erweist, die Gesamtheit der hierhergehörigen Erscheinungen zu umfassen. Erwägen Sie selbst! Blau und Gelb, Rot und Grün sollen unverträgliche Farben sein. Dagegen soll das gleiche keineswegs von Blau und Grün oder von Gelb und Grün gelten. Wenn daher die Mischung von Blau und Gelb sich darum so stark weißlich zeigen würde, weil Blau und Gelb antagonistische Farben sind, so müßten wir erwarten, daß, wenn Blau und Grün oder Gelb und Grün gemischt werden, keine Spur von Verweißlichung sich zeige.

Aber das Gegenteil ist der Fall, wie in jeder Sinnesphysiologie zu lesen ist. Gelb und Grün geben ein weißliches Gelb; Grün und Blau (und zwar Cyanblau, das eher grünlich als rötlich ist) ein weißliches Blaugrün. Hier muß man also, vom neuen Prinzip abspringend, wenn man überhaupt eine Erklärung geben will, einfach auf unser Verdrängungsprinzip zurückgreifen. Aber dann ist kein Grund, nicht auch unsern Fall darunter zu befassen. Er enthält ja nichts wesentlich anderes, besonders wenn man den grünen Stich, der bleibt, mit uns eo ipso für einen blaugelben Stich erklärt. Der ganze Unterschied besteht in einer graduellen Steigerung, die so wenig als die graduelle Minderung in andern Fällen eine Schwierigkeit bietet, wenn wir auch die volle Begründung für das Mehr und Minder nicht geben können. So sind Grün und Cyanblau gemischt weniger weißlich als Blau und Gelb gemischt; Rot und Indigo wieder weniger weißlich als Grün und Cyanblau. Wir müssen also, wie gesagt, nicht bloß die Treue des Berichts über die Tatsache beanstanden, sondern insbesondere uns auch gegen ihre Erklärung aussprechen.

Und offenbar entfallen auch alle daraus gezogenen Folgerungen.

Wenn bei der Mischung von spektralem Blau und Gelb kein gesättigtes Grün in die Erscheinung tritt, sondern nur ein Weiß mit kaum merklichem Stich ins Grüne entsteht: so beweist dies in nichts, daß nicht auf anderem Wege ein gesättigteres Blaugelb zu erreichen sei. Denn sonst würde man mit demselben Rechte aus der Weißlichkeit des Gelbgrün, welches durch die Mischung von spektralem Gelb und Grün, und aus der Weißlichkeit des Blaugrün, welches durch Mischung von spektralem Blau und Grün erzeugt wird, folgern können, daß es auch unter keinerlei andern Bedingungen zu einem gesättigten Gelbgrün und Blaugrün kommen könne. Das Gegenteil zeigt sich in den Phänomenen, welche die spektralen Lichtarten, die man allgemein als Gelbgrün und Blaugrün bezeichnet, erwecken. So steht denn die Weißlichkeit der Grünerscheinung bei dem Gemisch von spektralem Gelb und Blau keineswegs der Annahme im

Wege, daß das spektrale Grün in dem von ihm erzeugten Phänomen uns ein gesättigtes Blaugelb biete. Und ebenso erscheint es auch nicht ausgeschlossen, daß wir bei anderer Weise, phänomenales Gelb und Blau zu mischen, zu einem deutlicheren Grün gelangen.

Diese Erwägung hat mich dazu geführt, solche Mischungen auf Wegen zu versuchen, die zu dem Zweck, so weit meine Erfahrung reicht, noch nicht betreten worden waren.

Ich habe nämlich dazu die Erscheinungen des simultanen Kontrastes, des sukzessiven Kontrastes und der sogenannten Lichtinduktion verwendet, indem ich die auf subjektivem Weg gegebene Erscheinung der einen Farbe mit einer auf objektivem oder auch gleichfalls auf subjektivem Weg erzeugten der andern Farbe vereinigte. Der Erfolg entsprach meinen Erwartungen. Ich bekam bei dieser Art von Addition von Blau und Gelb zwar kein ganz reines gesättigtes, doch ein unverkennbar deutliches Grün[6].

Hiermit dürfte das dritte Argument als hinreichend erledigt gelten.

21. Doch unsere Gegner haben den Gedanken der antagonistischen Farben weiter ausgeführt. Sie haben ihn mit physiologischen Hypothesen verflochten und andere Erscheinungen, insbesondere die Entstehung der negativen Nachbilder damit in Zusammenhang gebracht. Wir wollen ihnen dahin folgen und dies führt uns zur Betrachtung des vierten Argumentes, wo wir die ganze Hypothese in ihrem Zusammenhang überblicken, zugleich aber, wie ich hoffe, uns noch mehr von ihrer Unhaltbarkeit überzeugen werden.

Der Gesichtssinn zeigt im Unterschiede von dem Gehörsinn gewisse Erscheinungen, die man als Erscheinungen des sukzessiven Kontrastes bezeichnet. Hat man längere Zeit eine weiße Scheibe auf schwarzem Grunde fixiert, so bekommt man ein Nachbild, welches eine schwarze Scheibe auf weißlichem Grunde darstellt. Fixiert man längere Zeit ein Gelb, so bekommt man ein bläuliches, ein Blau, so bekommt man ein gelbliches Nachbild.

Diese Erscheinungen hängen anerkanntermaßen mit der raschen Ermüdung des Gesichtssinnes zusammen. Aber mit der bloßen Ermüdung ist hier noch keine genügende Erklärung gewonnen. Sie macht zunächst nur ein Ermatten der Empfindung, nicht aber das energische Auftreten einer andern begreiflich. Wollen wir ihm gerecht werden, so müssen wir annehmen, daß das Auge, welches ja zwar rasch ermüdet, aber sich auch rasch erholt, diese Erholung durch einen Prozeß vollziehe, der ebenfalls von einer Empfindung begleitet sei, und dieser physiologische Prozeß muß dem ersten entgegengesetzt gedacht werden. War jener die chemische Dissimilation eines Organs, so wird dieser in einer chemischen Assimilation zu suchen sein; sollte dagegen der erste in einer Assimilation bestanden haben, so werden wir den zweiten als Dissimilationsprozeß denken müssen. Und so werden wir sagen, daß, weil auf Gelb ein bläuliches, auf Blau ein gelbliches Nachbild folgt, der Gelbprozeß zum Blauprozeß wie Dissimilation zur entsprechenden Assimilation oder umgekehrt sich verhalte. Überwiegt der eine, so sieht man Blau, überwiegt der andere, so sieht man Gelb. So wenig aber die beiden Prozesse gleichzeitig überwiegen können, so wenig können Blau und Gelb gleichzeitig empfunden werden. Und so notwendig die beiden physiologischen Prozesse bei einer gewissen beiderseitigen Stärke sich ausgleichen, so notwendig heben sich dann Blau und Gelb gegenseitig in der Empfindung auf. Offenbar wäre dies nun da der Fall, wo das Resultat einer Mischung von blauen und gelben Strahlen, wie viele sagen, ein farbloses Weiß zeigt. Also ist Blaugelb unmöglich. Also ist Grün nicht Blaugelb.

Da haben wir denn die ganze Lehre von den antagonistischen

Farben, wenn wir, wie schon früher bemerkt, noch hinzufügen, daß wie Blau und Gelb auch Rot und Grün für Antagonisten, und darum ein Rotgrün ebenso wie ein Blaugelb für unmöglich erklärt werden.

Die Hypothese ist von einem ausgezeichneten und insbesondere um die Physiologie des Gesichtssinnes hochverdienten Forscher erdacht. Sie bringt mancherlei auseinanderliegende Momente zur Einheit. Und so darf es uns nicht wundern, wenn sie viele Freunde gewonnen hat.

Dennoch dürfte sie, je genauer man sie betrachtet, um so mehr zu Bedenken Anlaß geben.

Zunächst, was das Auftreten des Weiß bei der Mischung von spektralem Blau und Gelb betrifft, so haben wir eine andere Erklärung gegeben. Sie läßt sich ohne ein Gesetz der Unverträglichkeit gewisser Farben, wie gezeigt, als ein Fall der Verdrängung beider Farben durch Weiß begreifen, wie ja ähnliche Verdrängungen durch anderweitige Beobachtungen gesichert sind. Entia non sunt multiplicanda praeter necessitatem sagt Occams durch Newton sanktionierter Ausspruch. Und so soll man auch die Gesetze nicht ohne Not vervielfältigen. Am bedenklichsten aber wird dies erscheinen, wenn die neuen hypothetischen Annahmen sehr fremdartig und aller Analogie zum bisher Erfahrenen entgegen sind.

So aber ist es in diesem Falle. Unter den Verdiensten, die sich der große Physiologe Joh. Müller erworben, ist wohl das vornehmste die Aufstellung des Gesetzes der spezifischen Sinnesenergie. Mögen einzelne es auch heute noch in Frage stellen: die bedeutenderen Forscher halten mit Entschiedenheit daran fest und streben, wie ich schon sagte, nur eine noch konsequentere Durchführung an, indem sie, was Müller für die Gattungen, auch für die Spezies der Qualität nachweisen wollen. Danach würde jede Art von Sinnesqualität einem besonderen

Organ als Funktion zuzuweisen sein. Dieser Lehre entgegen werden hier auf Funktionen eines und desselben Organs die Sinnesqualitäten Weiß und Schwarz, und ebenso die Sinnesqualitäten Blau und Gelb sowie Rot und Grün paarweise zurückgeführt.

Ist dies schon an sich als Verstoß gegen das Gesetz der spezifischen Energie etwas sehr Gewagtes, so steigert sich die Unwahrscheinlichkeit noch dadurch, daß die beiden Prozesse entgegengesetzt, nämlich der eine als Dissimilation, der andere als Assimilation, gefaßt werden. Es verstößt nämlich, wie auch Helmholtz hervorhebt, gegen alle Analogie des sensorischen wie motorischen Nervenlebens, daß eine nervöse Leistung anders als durch Dissimilation gegeben werde.

Und noch mehr, wenn die physiologischen Prozesse entgegengesetzt wären, so möchte man erwarten, daß auch die Erscheinungen in ihrer Qualität entgegengesetzt sein würden. So ist es nun bei Schwarz und Weiß in der Tat der Fall. Keineswegs kann aber dasselbe von Blau und Gelb, Rot und Grün gesagt werden.

Ferner, nicht bloß mit dem, was wir sonst auf dem Sinnesgebiete finden, auch in sich selbst genommen, erscheint die Lehre nicht harmonisch. Wenn wegen des Gegensatzes von Dissimilation und entsprechender Assimilation gewisse Farbenpaare unvereinbar sein sollen, so muß man erwarten, daß dies durchwegs statthaben werde. Tatsächlich aber wäre es nur bei zweien der Fall und bei dem dritten nicht. Denn Blau und Gelb, Rot und Grün sollen unvereinbar, Schwarz und Weiß aber im Grau vereinbar sein. Dies ist um so befremdlicher, weil wir es gerade bei ihnen allein mit wahren Gegensätzen zu tun haben.

Zu alledem kommt dann noch die Ungenauigkeit in der Beschreibung der Tatsachen. So wird, wenn von dem Resultat der Mischung von blauem und gelbem Licht gesprochen wird, der Stich ins Grüne übersehen, den bei aller Weißlichkeit die Erscheinung einem jeden zeigt, der wie ein Maler für feinste Farbenunterscheidungen geübt ist. Und wieder, wenn die Möglichkeit von Rotgrün allgemein in Abrede gestellt wird, werden alle jene Farbentöne übersehen, die (wenigstens für das Malerauge) deutlich genug zugleich ins Rote und Grüne spielen.

Noch weniger getreu aber ist der Bericht über die Nachbilderscheinungen. Denn allerdings ist das negative Nachbild von Blau gelblich, aber es spielt, wenn das Blau rein war, sehr beträchtlich ins Rote, so daß man es geradezu als Orange bezeichnen kann. Und ebenso ist das negative Nachbild von Gelb zwar allerdings bläulich, aber nicht rein blau, sondern violett zu nennen. Somit können die Erscheinungen der Nachbilder durchaus nicht so, wie es für die Theorie wünschenswert wäre, als Bestätigung der sonst so prekären Annahme betrachtet werden.

Die Hypothese der antagonistischen Farben scheint also als unhaltbar erwiesen. Und alles in diesem Argument gegen die phänomenale Zusammensetzung des Grün aus Blau und Gelb Gesagte ist, wenn ich mich nicht sehr täusche, vollständig widerlegt.

Wir wollen aber von dem merkwürdigen Phänomen der Nachbilder nicht scheiden, ohne einen Versuch gemacht zu haben, die Assimilationshypothese so zu modifizieren, daß sie sowohl mit den Erscheinungen selbst als mit dem Gesetz der spezifischen Energie in den vermißten Einklang gebracht wird. Halten wir fest an dem Gesetz der spezifischen Energie, so müssen wir so viele nervöse Organe, deren physiologische Funktion eine Farbenqualität ist, unterscheiden, als es einfache Farben gibt, die ungesättigten Farben Schwarz und Weiß mit einbegriffen. Daß diese Reizung bei einer gewissen Stärke und Dauer zu einem Nachbild führt, wird sicher auf rasche Ermüdung der Organe

und auch auf rasches Eintreten der Assimilation zurückzuführen
sein. Der Zusammenhang muß aber etwas verwickelter sein, als
die eben besprochene Theorie annimmt.

Zunächst natürlich hat die starke Dissimilation eine un=
gewöhnlich starke Assimilation zur Folge. Aber daran müssen
sich dann wieder Dissimilationsprozesse knüpfen. Wie könnte
dies nun anders gedacht werden, als daß der starke Assimilations=
prozeß aus einer Quelle schöpft, aus welcher auch jene Organe
Nahrung empfangen, bei welchen infolge des starken Assimilations=
prozesses jetzt Dissimilationsprozesse eintreten?

Stellen wir uns die Sache so vor! Wie der ganze Orga=
nismus, so ist insbesondere jedes nervöse Organ in stetem Fluß,
in einem steten Prozeß der Selbsterneuerung begriffen. Im
gewöhnlichen Zustand sei nun bei denjenigen, die für uns in
Frage kommen, nämlich jenen, deren Dissimilation, wenn sie
überwiegt, mit Farbenerscheinung verbunden ist, Dissimilation
und Assimilation in vollem oder annäherndem Gleichgewicht.
Offenbar muß ihnen dann fort und fort aus irgendwelcher Nähr=
quelle der Ersatz zufließen. Eine solche Nährquelle aber könnte recht
wohl mehreren gemeinsam sein. Wenn nun eines der Organe,
welche ihre Nährquelle gemeinsam haben, besonders stark
dissimiliert worden ist, und infolge davon ein starker Assimi=
lationsprozeß eintritt, so kann derselbe in dem Grade die ge=
meinsame Nährquelle in Anspruch nehmen, daß der Rest zum
Ausgleich der in den andern fortwährenden Dissimilationsprozesse
nicht ausreicht. Und so wird bei diesen ein Überwiegen der
Dissimilation eintreten können und zu einer entsprechenden
Farbenerscheinung führen.

Haben wir einmal diese einfache und, wie ich glaube, nicht
bloß nicht gewagte, sondern ohne Wagnis ganz unvermeidliche
Annahme gemacht, so lehrt uns die Erfahrung weiter, daß wir
die Organe der Farbenprozesse in zwei Gruppen scheiden müssen,

von welchen je eine ihre besondere Nährquelle hat. Die eine bildet das Organ für den Weißprozeß mit dem für den Schwarzprozeß. Daher reagiert Schwarz auf Weiß und Weiß auf Schwarz. Die andern bilden die Organe für die Farbenprozesse im engeren Sinne; mögen deren nun drei oder (weil Grün für einfach genommen wird) vier gedacht werden. Denn alle stehen z. B. deutlich mit Rot in Wechselbeziehung. Rot reagiert nicht bloß auf Grün, sondern auch, da es im Violett enthalten ist, auf Gelb, und da es im Orange enthalten ist, auf Blau. Aber allerdings werden wir nun daraufhin zu erwarten haben, daß auf je eine der Farben alle andern, so viele ihrer auch sein mögen, reagieren werden. Und hier wird es sich zeigen, ob die Lehre, welche Grün als eine einfache Farbe statuiert, im Vorteil oder im Nachteil ist.

Da aber kann das Urteil nicht schwanken. Mit der Lehre, welche Grün aus Blau und Gelb zusammengesetzt denkt, stimmen alle Erscheinungen harmonisch zusammen. Denn auf Blau reagiert faktisch Orange, also Rot und Gelb; auf Gelb Violett, also Rot und Blau und auf Rot Grün, also Blau und Gelb. Nach der Lehre, welche Grün nicht aus Blau und Gelb zusammengesetzt denkt, kommt man dagegen zu den mißlichsten Disharmonien.

Denn 1) würden auf Blau sowohl als auf Gelb nur zwei von den drei Farben, die außer ihm aus derselben Nährquelle schöpfen, reagieren, die dritte aber nicht;

2) würde auf Rot nur eine von den drei Farben außer ihm reagieren, die zwei andern aber nicht, und

3) würde zwar auf reines Gelb Rot reagieren, da es im Violett neben dem Blau auftritt, aber nicht umgekehrt auf reines Rot Gelb. Und dieselbe Unwahrscheinlichkeit würde sich zwischen Blau und Rot wiederholen, denn Rot würde auf reines Blau reagieren, da es im Orange auftritt, aber nicht Blau auf

reines Rot (als solches, wie jetzt Helmholtz mit Hering gemein=
sam lehrt, ist nämlich nicht das spektrale Rot, sondern Karmin=
rot zu denken, dessen Reaktion mit nicht besserem Recht Blau=
grün als Gelbgrün genannt werden kann).

So sehen wir denn, daß wir durch die einzige Hypothese,
welche sich imstande zeigt, zugleich dem Gesetz der spezifischen
Energie und der Nachbilder gerecht zu werden, nicht bloß nicht
dazu geführt werden, Grün als eine einfache Farbe zu statuieren,
sondern im Gegenteil sogar mit aller Macht dahin gedrängt
werden, es der älteren Ansicht entsprechend für eine phänomenale
Zusammensetzung von Blau und Gelb zu erklären.

22. Wir kommen zum fünften Argument. Hier wurden
zugunsten der eben bekämpften Theorie noch weitere Be=
stätigungen gesucht. Die Beobachtungen an Farbenblinden sollten
sie liefern. Nun werden Sie nach allem bereits Erörterten zwar
kaum für wahrscheinlich halten, daß sie hiermit oder mit irgend=
welchem andern Mittel zu retten sein werde. Dennoch wird die
Untersuchung nicht unbdienlich sein, indem sie uns zeigt, wie
man von unserem Standpunkt die betreffenden Erscheinungen
zu beurteilen hat.

Von den Farbenblinden, von denen man bisher Kenntnis
hat, sind einige total farbenblind, b. h. sie unterscheiden nur
hell und dunkel, sie sehen nur Schwarz und Weiß und Grau.
Die Welt ist ihnen wie ein Kupferstich. Wir alle sind es an
der Peripherie der Netzhaut. Außerdem gibt es partiell Farben=
blinde. Von ihnen fand man zwei Arten. Die bekanntere ist
die der Rotblinden. Sie kommt relativ häufig vor. Wir alle
sind in einer mittleren Zone unserer Netzhaut zwischen Zentrum
und Peripherie rotblind. Die andere Art, die der sogenannten
Gelbblinden, ist weniger bekannt, seltener und in der normalen
Netzhaut nicht vertreten.

In bezug auf die Rotblinden steht nun fest, daß sie außer dem Rot kein Grün sehen; sie sind also zugleich Grünblinde. Sie bezeichnen die eine Hälfte des Spektrums, wo wir Rot und Gelb sehen, als gelb, die andere als blau. Sie sehen also diese Farben. Und dies stimmt mit unsern Erscheinungen in der mittleren Zone.

In bezug auf die sogenannten Gelbblinden scheint ebenso sicher oder doch höchst wahrscheinlich, daß sie wirklich kein Gelb sehen. Sie bezeichnen die Hälfte des Spektrums, welche die Rotblinden gelb zu nennen pflegen, als rot. Von der anderen aber darf man daraufhin mit Wahrscheinlichkeit annehmen, daß sie dort den Antagonisten von Rot, Grün, sehen, so daß hier die zwei Farben gegeben sind, welche bei den Rotblinden fehlen, und umgekehrt. Sicher ist, daß sie in der andern Hälfte auch nur einen Farbenton sehen. So scheinen denn die Gelbblinden zugleich blaublind.

23. Diese Tatsachen scheinen wie geschaffen, der Theorie der Gegenfarben und dem Assimilationsprozesse Zeugnis zu geben. Denn von ihrem Standpunkt aus erweist es sich als notwendig, daß die Gegenfarben gemeinsam gegeben sind und gemeinsam fehlen. Dagegen sind sie der Ansicht, wonach Grün Blaugelb wäre, im höchsten Grade ungünstig. Warum, wo kein Rot, kein Grün? und, wo kein Grün, kein Rot? Warum, wo kein Blau, kein Gelb? und, wo kein Gelb, kein Blau? Und wie erstaunlich, daß die, welche reines Blau und reines Gelb sehen, kein Grün sehen und die, welche Grün sehen, weder für Blau, noch für Gelb, woraus das Grün zusammengesetzt ist, die Fähigkeit haben! Kann man ohne die halsbrecherischsten Hypothesen, ja ohne Selbstwiderspruch in der Lehre sich mit diesen Tatsachen abfinden?

In der Tat ist das Argument, wenn man es so hört, wohl geeignet, einen starken Eindruck zu machen. Aber seine

Kraft schwächt sich bedeutend, wenn man sich klar hält, daß nur ein Teil der hier vorgeführten angeblichen Tatsachen so weit gesichert ist, daß man wissenschaftlich darauf bauen kann.

Dies können wir wohl in betreff der Rotblindheit sagen. Es ist richtig, die völlig Rotblinden sehen kein Grün und sind auch auf keine andere Weise imstande, die Anschauung von Grün aus ihrem Blau und Gelb sich zu bilden. Sie sehen, wie auch wir selbst in der betreffenden Zone nur gelb und blau.

Anderes gilt von der anderen Art von Blindheit, die Hering als Blau-Gelbblindheit faßt. Es ist bisher nur ein einziger hierhergehöriger Fall genauer untersucht[7], und dieser war ein solcher, wo Hering selbst zu dem Resultate zu gelangen glaubte, der Patient habe nicht bloß kein Gelb und kein Blau, sondern auch sehr schlecht Rot und Grün gesehen. Unter solchen Umständen, wo verschiedene, von einander unabhängige Defekte gegeben sind, würde es gar wenig für den notwendigen Zusammenhang beweisen, wenn er sicher weder Gelb noch Blau gesehen hätte. Und selbst dies scheint für den, der alles sorgfältig erwägt, weder streng erwiesen noch erweisbar. Er identifizierte den Eindruck eines Strahls, der uns Gelb erregt, mit Grau; dasselbe galt für einen Strahl, der uns den Eindruck von Blau macht. Daraus folgt aber nicht, daß er überhaupt nicht Gelb oder Blau, sondern nur, daß er sie nicht infolge gewisser Einwirkungen sah, die uns Gelb bezw. Blau erregen. Denken wir daran, daß in anormalen Fällen durch dieselben Wellen, durch welche im einen Ohr die c-Empfindung, im andern die g-Empfindung erregt wird; was steht im Wege anzunehmen, daß Farben, die im gesunden Auge durch gewisse Lichtwellen erregt werden, in einem anormalen durch eine andere Art von Lichtwellen zu erwecken sind? Das einzige, was hiergegen Sicherheit bieten würde, der Vergleich mit den entsprechend blinden Teilen der normalen Netzhaut, ist versagt. Es steht also zunächst nichts im Wege, die Qualität der Farben, die diese Art von Blinden sehen und nicht sehen, anders zu deuten und z. B. anzunehmen, daß sie Rot und Blau, aber kein Grün sehen, was dann nicht mehr für, sondern gegen Hering sprechen würde [8].

Indes scheint ein anderer Umstand eine solche Annahme bedenklich zu machen; der erwähnte Patient unterschied auch nicht Violett von einem gewissen Grau und auch keine andere Farbe erklärte er für eine Mischung zweier ihm gegebener Farben. Wenn wir nun annehmen, er habe, auf was immer für unvollkommene und anormale Weise, Rot und Blau gesehen, so wäre zu erwarten, daß er auch eine Farbe als Mischfarbe der beiden unterschieden hätte.

Doch auch diese und überhaupt alle Erfahrungen in betreff der Farbenblindheit sind von unserem Standpunkt aus ohne große Schwierigkeit gesetzmäßig zu begreifen.

Beginnen wir mit dem am besten bekannten Falle der Rotblinden. Ihnen fehlt außer dem Rot immer zugleich das Grün, das der Normalsehende hat. Gewiß könnte man diesen korrespondierenden Mangel nicht voraussagen. Wäre es aber etwas so gar Gewagtes, anzunehmen, daß die Abnormität in seinem Sehvermögen, die den Ausfall des Rot mit sich führt, in etwas bestehe, was das Zustandekommen der phänomenalen Mischung von Blau und Gelb überhaupt unmöglich mache. Ich sehe nicht ein, warum. Jedenfalls schiene die Korrespondenz dieser zweiten Besonderheit ungleich weniger überraschend, als andere korrespondierende Änderungen, die wir mit äußerster Regelmäßigkeit auf dem Gebiet des Lebens bemerken, wie z. B. daß weiße Katzen mit blauen Augen taub sind. Doch wir dürfen es nicht versäumen zu erproben, ob sich unsere Vermutung über die Weise des gesetzmäßigen Zusammenhangs zwischen mangelndem Rot und mangelndem Grün durch andere Er-fahrungen bestätigt finde.

In der Tat ist uns bis zu einem gewissen Maß ein Mittel zur Verifikation geboten. Wir sahen, daß es außer dem Rotblinden noch eine besondere Art von Farbenblindheit gibt, wo der Patient höchst wahrscheinlich kein Gelb, wohl aber Rot und außerdem eine andere Farbe sieht, von der wir annehmen dürfen und von unserm Standpunkt annehmen müssen, daß es blau sei. Wenn es nun richtig ist, daß der Rotblinde darum kein Grün sieht, weil er, obwohl er beide Elemente sieht, sie nicht zur Mischung bringen kann, so wird Ähnliches auch beim Gelbblinden zu erwarten sein. Und obwohl dieser Rot und Blau sieht, wird er unfähig sein, Violett zu sehen. Da hätten wir denn eine Art von experimentum crucis.

Und sieh! es entscheidet, so weit seine Kraft reicht, zu unsern Gunsten. Der einzige untersuchte Gelbblinde, der nach unserer Annahme von einfachen Farben nur Rot und Blau sah, sah doch schlechterdings kein Violett. Er identifizierte nicht bloß, was wir Violett sehen, mit einem gewissen Grau, sondern begegnete überhaupt nirgends einer Farbe, die ihm als Mischung der beiden ihm eigenen Farbentöne erschienen wäre. Somit bestätigt sich (soweit die Mangelhaftigkeit der bisherigen Erfahrungen es zuläßt) der von uns vermutete, allgemein gesetzliche Zusammenhang. Wem eine Farbe fehlt, dem fehlt auch die Möglichkeit zur phänomenalen Mischung der beiden andern, die er noch hat. Sollte einmal einer gefunden werden, der blaublind wäre, während ihm rot und gelb sichtbar sind, so wage ich zu prophezeien, daß derselbe wie das Blau auch das Orange nicht zu sehen imstande wäre[9].

Und somit hat wiederum unsere Auffassung ohne jede allzu mißliche Annahme sich auch hinsichtlich der Erscheinungen der Farbenblindheit als durchführbar erwiesen.

24. So wären denn alle gegnerischen Argumente gefallen, bis auf eines, welches zugleich unter allen das schwächste genannt werden darf. Werfen wir auch auf dieses einen Blick!

Wenn wir das Licht im spektralen Farbenfächer mehr und mehr abschwächen, so verschwinden gewisse Farbennuancen, während andere zunächst noch fortbestehen. Und in diesen, meinten schon Bezold und Brücke, und meint auch Helmholtz, auch noch in seiner eben erschienenen 2. Auflage der Physiologischen Optik, müssen wir wohl die Urfarben, also (nach unserer Auffassung) die einfachen Farben vermuten. Eine von denen, die bleiben, ist nun Grün. Also ist Grün eine einfache Farbe und nicht eine phänomenale Mischung von Blaugelb[10]. Ich habe dieses Argument von vornherein als das schwächste unter allen bezeichnet, und Sie werden mir wohl unbedenklich beistimmen. Denn was kann unsicherer als eine solche Vermutung sein? Wie leicht könnte es geschehen, daß aus irgendwelchem Grunde in dem, was zuletzt bleibt, Mischfarben verschwimmen. Wollen wir eine empirische Bestätigung dieser Bemerkung, so besitzen wir sie vollauf in den divergierenden und ungereimten Resultaten, zu welchen man auf diesem Wege vorgehend gelangt sein will; bezeichnender Weise aber immer im Einklang mit der augenblicklich vorgefaßten Meinung. So kamen Bezold und Brücke zu dem Schluß, die Urfarben seien Rot (im Sinne des spektralen Rot, also genau gesprochen Gelblichrot), Violett (also Rotblau) und Grün. Helmholtz aber kommt neuerdings, nachdem er aus anderen Gründen dem spektralen Rot ein nicht mehr gelbliches Rot, nämlich Karminrot, und dem Violett Blau substituiert hat, nun zu diesem Rot und Blau und außerdem wozu? — etwa zu Grün? — nicht doch, sondern, wie er sich ausdrückt, zu einem gelblichen Grün, also zu etwas, was wieder, auch nach der Mehrzahl unserer Gegner, deutlich den Charakter phänomenaler Zusammensetzung mit Gelb an sich trägt.

Wenn Sie in Chevreuls Farbentafeln die Abbildung der Erscheinungen betrachten, werden Sie dann noch mehr erkennen, daß auf diesem Wege kein irgend kräftiges Argument pro oder contra zu gewinnen war und ist.

25. So haben wir denn die Einwände sämtlich prüfend durchlaufen, und ich hoffe, Sie haben sich mit mir davon überzeugt, daß keiner von ihnen stichhaltig ist. Und so bleibt denn die alte Ansicht, wonach Grün phänomenal aus Blaugelb besteht, heute ebenso gut möglich, als sie es jemals gewesen ist.

Wenn aber dies, so können wir schon um deswillen, was wir im Anfange erwogen haben, nicht umhin, dem unterscheidenden Auge mehr als dem nicht unterscheidenden, und dem geübten Urteile der Maler mehr als dem von solchen, die nicht als Farbenkünstler jede feinste Nuance zu beachten gewöhnt sind, zu vertrauen.

Doch zu diesem Argumente zugunsten der Zusammensetzung des phänomenalen Grün aus Blau und Gelb sind im Verlaufe unserer Untersuchungen noch andere, und sehr gewichtige, hinzugekommen. Ich darf nicht schließen, ohne die Hauptmomente kurz in Erinnerung zu bringen.

1) Gelbes und blaues Licht gemischt erzeugen nicht reines sondern für den fein Unterscheidenden deutlich genug ein etwas grünliches Weiß. Das Auftreten des Weiß beweist, wie wir sahen, hier weder für noch gegen, das eingemischte Grün aber entschieden für uns. Denn woher dieses? Nach einem allgemeinen Gesetze ist die Mischfarbe zweier einfacher Farben, von der Weißlichkeit und Schwärzlichkeit abgesehen, eine Mischung der Komponenten; also erscheint hier das Grün als Blaugelb.

2) Bei anderen Zusammensetzungen aus Blau und Gelb auf objektiv-subjektivem oder rein subjektivem Wege, finden wir

dasselbe, und um so deutlicher, weil hier die Mischerscheinung weniger durch ungesättigte Töne verschleiert ist.

3) Die Erscheinungen des sukzessiven Kontrastes drängen mit einer schier unabweisbaren Gewalt zur Annahme, daß Grün Blaugelb sei. Nur so kommt hier Harmonie in alles. Und insbesondere sind wir nur so imstande, dem Gesetze, daß jede nervöse Leistung an einen Dissimilationsprozeß geknüpft sein müsse, gerecht zu werden und das Gesetz der spezifischen Energie zu vollkommen konsequenter Durchführung zu bringen. Denn es ist ganz offenbar, daß dies weder der Young-Helmholtzschen noch der Heringschen Hypothese gelungen ist. Nach unserer dagegen und auf Grund der Annahme der Zusammensetzung von Grün aus Blau und Gelb erreichten wir dies ohne jede Schwierigkeit.

4) Endlich noch eins. Wir wahren auf diese Art auch weitaus besser als alle anderen in den wesentlichsten Beziehungen die Analogie des Gesichts mit anderen Sinnen, insbesondere dem Tonsinn. Weder Helmholtz konnte dies, da er jede Bildung von Mischqualitäten leugnete, noch Hering, da er in höchst auffälliger Weise im allgemeinen die Vermischbarkeit zugestand, aber für zwei Paare von Qualitäten als unmöglich in Abrede stellte. Nach uns können durchweg je zwei Farben wie je zwei Töne gemischt werden; ja die Mischung aller fünf Farben ist unter Umständen möglich, wie sie denn auch in der Erscheinung des Olivgrün, das gleichzeitig in Schwarz und Weiß und Rot und Blau und Gelb spielt, sichtlich gegeben ist.

Das also sind gewiß mächtige Verifikationen, die das direkt durch innere Beobachtung Gefundene bestätigen.

26. Wenn wir nun aber für diese Auffassung den Anspruch erheben, daß sie überkommene Irrtümer berichtige, so

können wir nicht umhin, den früheren Forschern, uns in wesentlichen Stücken zum Dank verpflichtet zu bekennen.

So war es sicher ein genialer und lichtvoller Gedanke von Thomas Young auf Grund des Gesetzes der spezifischen Energie, das er auf dem engeren Gebiet des Gesichtssinns schon vor Joh. Müller aufgestellt, ja feiner ausgebildet hatte, die Frage nach der Zahl der einfachen Farben von der Frage nach den Arten der lichtreizenden Strahlen zu sondern, ursprünglich sogar richtig die drei Klassen: Rot, Blau und Gelb unterscheidend. Aber das Schwarz und das Weiß waren dabei unberücksichtigt. Ihr Auftreten erschiene als ein Verstoß gegen das Gesetz der spezifischen Energie.

Helmholtz hat das Verdienst, die Bedeutung von Youngs Gedanken zuerst vollauf begriffen und insbesondere durch die glückliche Übertragung auf das Tongebiet durch Analogie wesentlich gestützt zu haben. Den Verstoß gegen das Gesetz der spezifischen Energie beim Weiß ließ aber auch er bestehen, und beim Schwarz hat er geradezu seine positive Natur gänzlich verkannt.

Hier ist es das große Verdienst Herings, auf den Fehler hingewiesen zu haben. Leider hat er durch seine Assimilations-hypothese dann seinerseits wieder nicht minder empfindlich das Gesetz der spezifischen Energie verletzt. Aber gerade durch sie hat er, da wirklich die Assimilationsprozesse zur Entstehung der Nachbilder von Bedeutung sind, der richtigen Auffassung kräftig Vorschub geleistet. Nebstdem ist bei ihm ein großes Verdienst die energische Betonung dessen, was das phänomenale Bild bietet. Wenn es ihm auch begegnet, die Zusammensetzung im Grün nicht zu erkennen, im Prinzip gibt er denjenigen recht, die, Blau und Gelb darin schauend, sich an der Zusammen-setzung nicht irre machen lassen. So stehen wir keineswegs in so schroffem Widerspruch mit Hering, als es auf den ersten Blick scheinen möchte. Und es gereicht mir zu besonderer Befriedigung, zu konstatieren, daß die Resultate seiner Forschung zwar nicht unmodifiziert, aber doch im wesentlichen und sodann um so gesicherter bestehen bleiben, da gewisse Anomalien und Widersprüche mit den Erscheinungen beseitigt sind.

Daß ich mich aber zugleich freue, daß auch unser Goethe, im Gegensatze zu dem, was man jetzt gemeiniglich glaubt, in unserem Falle seinen gesunden objektiven Blick bewahrt hat, werden Sie auch verstehen, ja, wenn ich so glücklich gewesen sein sollte, Sie zu überzeugen, die Freude darüber mit mir teilen.

Anmerkungen.

----

1 (S. 4). Wie die gelben Strahlen vom Blau und die blauen vom Gelb absorbiert werden, so werden auch die roten Strahlen nicht ungeschädigt durchgelassen. Ein Teil von ihnen geht beim Durchgang durch das Blau, ein anderer beim Durchgang durch das Gelb verloren.

2 (S. 8). Besonders als Hintergrund ist ein solcher rötlich=grüner Ton bei großen Malern beliebt. Tizian hat auf dem be=rühmten Bilde in den Florentiner Uffizien, welches außer der Madonna und dem Jesus= und Johanneskind Antonius den Eremiten darstellt, hinter ihnen einen weiten rötlichgrünen Vor=hang ausgespannt, der (dem natürlichen Gesetz der Farbenabdunklung entsprechend) in den hellen Teilen mehr ins Rötliche, in den dunklen mehr ins Grünliche geht; und auf dem Lionardo da Vinci zugeschriebenen Gemälde im Jupitersaal der Galleria Pitti bedient sich der Meister des gleichen Mittels, um das schöne weibliche Bildnis zu heben. Und so sowohl diese als andere große Künstler in ungezählten Fällen.

Der Hinweis auf solche Beispiele schien mir geboten, um den Begriff, den ich mit Olivgrün verbinde, klar zu machen. Derselbe hat ähnlich wie der Begriff Violett, der alle Übergänge zwischen Rot und Blau umfaßt, einen sehr weiten Umfang. Wenn die Beschränkung auf geringe Grade der Sättigung ihn mindert, so wächst er anderseits (wenn wirklich Grün aus Blau und Gelb besteht) infolge der durch den Eintritt eines dritten Elements ver=größerten Mannigfaltigkeit der Kombinationen.

3 (S. 21). Indem wir dies sagen, nehmen wir nur auf die Töne im engeren Sinn, nicht auf den Einschluß ganz ungesättigter Tonelemente Rücksicht. Vgl. unten den Vortrag über die Analyse der Tonqualitäten in ihre eigentlich ersten Elemente.

4 (S. 22). Eine in gewisser Weise verwandte Erscheinung haben wir auch in den mehrfach beobachteten Fällen, wo derselbe Tonreiz in dem einen Ohr eine beträchtlich höhere, ja um eine ganze Quint abstehende Tonempfindung hervorrief als in dem andern.

5 (S. 28). Man muß den hier behaupteten Antagonismus gewisser Farben wohl unterscheiden von jener Unverträglichkeit, die wir selbst im Vorausgehenden für jede Farbe gegenüber jeder andern behauptet haben. Diese besagte, daß derselbe Teil des Sinnesraumes nicht gleichzeitig von zwei Farben erfüllt sein kann. Von den „antagonistischen" Farben dagegen wird auch noch geleugnet, daß sie sich zu einer Mehrfarbe vereinigen können, was nach unserer Erklärung der Mehrfarben nichts anderes sagen will, als daß sie sich nicht in unmerklich kleinen Teilchen in einer Erscheinung vermengen können, die dann als Ganzes deutlich in die eine wie andere Farbe spielt.

6 (S. 30). Versuche, die Prof. Dr. A. Marty an der deutschen Universität zu Prag kurz darauf anstellen ließ, führten zu gleichem Ergebnis.

7 (S. 39). Zu diesem mir zur Zeit des Vortrags allein bekannten Fall war bereits ein zweiter hinzugekommen, und in den von Wundt herausgegebenen Philosophischen Studien VIII, Leipzig 1893 mitgeteilt worden. Und dieser erlangt dadurch eine ganz besondere Bedeutung, daß nur das eine Auge farbenblind, das andere normal, und so jede Gefahr äquivoker Benennungen ausgeschlossen war. Wir werden in einer folgenden Anmerkung auf ihn zurückkommen.

8 (S. 40). Wäre ich, als ich den Vortrag hielt, schon mit der in der vorigen Anmerkung berührten Abhandlung bekannt gewesen, so hätte ich hier energischer sprechen können. Der in dem VIII. Band der von Wundt herausgegebenen Philosophischen

Studien mitgeteilte Fall eines einseitig Gelbblinden ließ aufs un=
zweifelhafteste konstatieren, daß die von seinem anormalen Auge
außer Rot gesehene einfache Farbe tatsächlich nicht Grün, sondern
Blau war. Wir werden aus dem Bericht Dr. Kirschmanns über
diese seine so instruktiven Beobachtungen im Anhang noch einiges
Weitere mitzuteilen uns erlauben.

9 (S. 41). Genau gesprochen, müßten von diesem Gesetz
solche Fälle ausgenommen werden, bei welchen das Licht sehr stark
herabgesetzt ist, nur daß bei diesen natürlich die beiden farbigen
Elemente sehr schwach und durch ungesättigte Beimischungen ver=
unreinigt erscheinen. Diese Ausnahme besteht aber nicht bloß bei
Gelbblinden für Violett und eventuell bei Blaublinden für Orange,
sondern auch bei Rotblinden für Grün. Hering selbst berichtet im
Archiv für Ophthalmologie (XXXVI, 3, S. 1), daß, wo bei großer
Helligkeit nur Gelb und Blau, bei geringerer auch Grün gesehen
wurde. Wie dies mit seiner Lehre von den antagonistischen Farben
in Einklang zu bringen sei, ist schwer abzusehen; wie es sich von
unserem Standpunkt begreifen, ja aufs schönste einer allgemeineren
Erfahrungstatsache unterordnen lasse, werden wir im Anhang zeigen.

10 (S. 42). Helmholtz 470.

Über Individuation, multiple Qualität und Intensität sinnlicher Erscheinungen.

Vortrag,

gehalten auf dem Internationalen Kongreß für Psychologie
in München am 7. August 1896.

1. Die Psychologen, in so mancher anderen einfachen Frage
miteinander im Widerstreit, haben auch über die Existenz all=
gemeiner Begriffe sich noch nicht geeinigt. Berkeley verwirft
sie, und viele pflichten seinen Ausführungen bei; andere erklären
ihre Annahme für schlechterdings unerläßlich.

Doch, wenn der scharfsinnige Engländer (im Worte mehr
als im Gedanken) wirklich etwas zu weit gegangen ist: eines
jedenfalls hat er erwiesen — und auch die vornehmsten Ver=
teidiger der allgemeinen Begriffe geben es als erwiesen zu —:
er hat gezeigt, daß allgemeine Vorstellungen nur im Hinblick
auf Einzelvorstellungen möglich sind, in welchen wir gewisse
Züge in Abstraktion von anderen unterscheiden. Der Verstand,
lehrte in diesem Sinne schon Aristoteles, denkt seine Begriffe in
den Phantasmen.

So kann denn die Empfindung, so gewiß sie
die Grundlage des geistigen Lebens ist, den Charakter
einer allgemeinen Vorstellung nicht tragen.

2. Wenn nun der Inhalt der Empfindung individuell
determiniert ist, so fragt sich, was sie individualisiere.

Sie enthält eine Mannigfaltigkeit von Bestimmungen.
Helmholtz hat ganz allgemein „Modalität“ und „Qualität“
darin unterschieden. Eine genaue Analyse ergibt, daß der sie
komplizierenden Momente noch mehrere sind.

Hat man die Grundklassen der Empfindungen gesondert, so
läßt sich in jeder außer der eigentümlichen Modalität, welche

der Gruppe den gemeinsamen Charakter gibt, ein Hell und Dunkel, ferner eine Intensität, und bei gewissen dazu ge= hörigen Erscheinungen auch ein Kolorit mit höherem oder geringerem Sättigungsgrad aufweisen[1].

Doch, so viele Bestimmungen wir hier aufgezählt, keine von ihnen vermag, indem sie (den Inhalt bereichernd, den Umfang beschränkend) zu den anderen tritt, der Empfindung Individuation zu geben. Es zeigt sich vielmehr, daß eine Mehrheit von Empfindungen, welche in allen erwähnten Beziehungen überein= stimmen, recht wohl denkbar bleibt. So muß denn noch ein anderes determinierendes Moment in der Empfindung vorhanden sein.

3. Helmholtz hat, was die Empfindung betrifft, die Psychologen in zwei Gruppen geschieden, indem er die einen als „Nativisten", den anderen als „Empiristen" gegen= überstellte.

Zu den „Nativisten" gehören die, welche glauben, daß die Empfindung als solche immer, wie eine qualitative, so auch eine räumliche Bestimmtheit enthalte. Jede Farbenempfindung, jede Druckempfindung u. s. f. soll nach den Nativisten zugleich eine Raumempfindung sein.

Die Empiristen erheben hiergegen Widerspruch; ja, sie gehen in schroffem Gegensatz zu den Nativisten so weit, die räumliche Bestimmtheit von jeder Empfindung als solcher gänzlich aus= zuschließen.

Für die Individuationsfrage, man erkennt es leicht, ist dieser Unterschied der Ansichten von wesentlichem Belange.

Wer dem Nativismus anhängt, dem wird das räumliche Moment, das er im Inhalt der Empfindung determinierend den übrigen Bestimmungen gesellt, auch als Individuationsprinzip für sie gelten; zwei gleichzeitige und auch in allen anderen an=

gebbaren Beziehungen gleichheitliche Empfindungen zeigen sich
ja immer durch Lokalisation wenigstens voneinander verschieden.
Und so ergibt sich denn vom nativistischen Standpunkt die Be=
antwortung unserer Frage von selbst, ohne jede weitere Kom=
plikation der Hypothese.

Die Empiristen dagegen, wenn sie die Frage überhaupt be=
achtet hätten, würden hier auf eine ungeahnte Schwierigkeit
gestoßen sein.

Die Empfindung denkt auch der Empirist als Anfang des
geistigen Lebens. Die räumliche Vorstellung dagegen soll nach
ihm erst als Folge mannigfacher Erfahrung sich entwickeln. Nun
kann aber nach dem, was wir über die allgemeinen Vorstellungen
gesagt, die Empfindung nie anders als individualisiert bestanden
haben. Also war sie auch zur Zeit beginnender geistiger Ent=
wicklung individualisiert, und damals wenigstens, ohne daß
räumliche Bestimmungen ihr die Determination hätten verleihen
können.

Ja auch später, wo nach der Meinung der Empiristen in
dem, was sie Wahrnehmung nennen, die Raumvorstellung mit
der Empfindung durch die stärksten Bande der Assoziation ver=
knüpft erscheint, — auch dann, sage ich, würde sie nicht etwas
sein, was, wie eine individualisierende Differenz, zur Empfindung
innerlichst gehörte, sondern etwas, was sozusagen äußerlich zu
ihr als unabhängig Bestehendes hinzukäme.

Auf eine räumliche Bestimmung also wird bei der Frage
nach dem Individuationsprinzip der Empfindung ein Empirist
nicht ohne Selbstwiderspruch sich berufen können.

Wenn darum alle früher aufgezählten determinierenden
Momente ohne die Raumbestimmtheit zur Individuation nicht
ausreichten, so bleibt dem Empiristen nichts übrig, als an=
zunehmen, daß außer ihnen noch ein anderes in der reinen und
ursprünglichen Empfindung vorhanden sei, welches das leiste,

was nach der vom Empiristen abgelehnten nativistischen Hypothese die Raumbestimmtheit leisten würde.

Was aber sollte dieses andere sein? — In der Erfahrung weiß niemand etwas dafür aufzuweisen. Und so wird denn der Empirist es durch Hypothese als etwas, was unbemerkt in unserem Bewußtsein vorhanden sei, statuieren müssen.

Da erscheint es denn von Bedeutung, daß die Einführung eines gewissen rein fiktiven Moments in das Empfindungsgebiet von den Empiristen, oder wenigstens von dem einflußreichsten unter ihnen, auf den auch der Name sich zurückführt, tatsächlich schon aus anderem Grunde vollzogen worden ist.

Helmholtz hat bei der Entstehung der „Wahrnehmung", wenn kein räumliches Continuum im eigentlichen Sinne, so doch etwas ihm Analoges vorauszusetzen für nötig gefunden. Er sah ein, daß er für die Assoziation der räumlichen Bestimmungen Anhaltspunkte (nach Lotzes Ausdruck „Lokalzeichen") nötig habe, und daß er diese, um die Leichtigkeit der Orientierung zu begreifen, mit der Reizstelle der Netzhaut (und natürlich aus gleichem Grunde auch anderwärts) nach Länge und Breite stetig variierend denken müsse.

Wenn der Empirist, um der Individuation der Empfindung gerecht zu werden, zu der fiktiven Annahme eines besonderen Momentes greifen muß, so wird er sonach wenigstens die Einführung eines neuen fiktiven Moments sich ersparen können, indem er vielmehr auf jenes Analogon der räumlichen Bestimmtheiten, auf die „Lokalzeichen" verweist. Er braucht sie nur, um sie dem besonderen Bedürfnisse genügen zu lassen, wie in anderen Beziehungen, so auch darin den Raumbestimmtheiten des Nativisten analog zu denken, daß er sie, mit den übrigen Momenten des Empfindungsinhalts konkreszent, denselben individualisieren läßt.

Es ist kaum zu bezweifeln, daß Helmholtz die Individuations=

frage, wenn überhaupt berücksichtigt, auf diesem Wege zu lösen gesucht haben würde. Ob ihn freilich deren Verfolgung dann nicht, wie zu einer Ergänzung, so auch zu mancher Umbildung seiner Ansichten geführt hätte, das ist, was ich nicht als unwahrscheinlich bezeichnen möchte. Vielleicht hätte er schließlich sogar erkannt, daß, wer etwas, was er in allen Beziehungen dem Räumlichen analog denkt, in sich selber nicht zu kennen eingesteht, auch die Möglichkeit, daß es geradezu etwas Räumliches sei, zugestehen müsse.

Doch ohne hier zwischen Nativismus und Empirismus entscheiden zu wollen, konstatiere ich vielmehr nur, daß nach dem Gesagten sicher wenigstens in einem erweiterten Sinne von einem „Empfindungsraume" gesprochen werden kann. Pflegen wir doch auch in bezug auf das Zeitcontinuum von Räumen (Zeiträumen) zu reden und finden in der neuesten Geometrie den Namen „Raum" auf Fiktionen von beliebig vielen Dimensionen angewandt.

In dieser unbestimmteren Weise nur will ich den Ausdruck verstanden wissen, wenn ich jetzt das Ergebnis unserer Betrachtung in das Wort fasse: daß jedenfalls (und vom empiristischen Standpunkt nicht minder als vom nativistischen) in einer Art räumlicher Kategorie das Individuationsprinzip der sinnlichen Qualitäten erblickt werden müsse.

4. Wie in dem Weltraum Stoff für Stoff, so erweist Qualität für Qualität in diesem Sinnesraum sich unburchdringlich.

Auf den verschiedensten Sinnesgebieten stoßen wir auf Fälle, wo sichtlich Qualität die Qualität verdrängt. Auf dem des Gesichts gehören insbesondere die so auffallenden Erscheinungen des Wettstreits der Sehfelder hierher.

Und gerade diese Unburchdringlichkeit ist es denn auch, welche den Sinnesraum im Unterschiede von anderen Momenten der Empfindung zum Individuationsprinzip der sinnlichen Qualität geeignet macht.

5. Dennoch wurde die Undurchdringlichkeit der Qualitäten im Sinnesraum von mehr als einem achtbaren Forscher in Ab= rede gestellt. Und zwar waren es gewisse Fälle multipler Qualität (Mehrklänge, Nuancen, welche in mehrere Farben spielen u. dgl.), welche manchen an die Möglichkeit einer Wechsel= durchdringung glauben ließen.

Andere freilich zogen es vor, hier vielmehr die Multiplizität selbst für nicht vorhanden zu erklären. Die Versuchung, sie an= zunehmen, sollte teils darauf beruhen, daß gewisse einfache Qualitäten in Beziehung zu mehreren anderen, zwischen denen sie eine Art mittlerer Stellung einnähmen, charakterisiert und benannt würden, teils darauf, daß sie komplizierte Vorbedingungen haben, von denen gewisse Teile, auch wo sie allein gegeben sind, gewisse Qualitäten, und der eine diese, der andere jene in der Empfindung entstehen lassen.

Doch der Schein von Vielfältigkeit tritt in allen genannten Fällen viel zu mächtig auf, als daß solche Hypothesen zu seiner Erklärung genügten; unter Anwendung des Satzes: „qui nimium probat, nil probat", kann man sie aufs handgreiflichste wider= legen; die Multiplizität besteht ohne allen Zweifel wirklich[2].

6. Wenn aber nicht auf diese, so kann man auf eine andere und sehr einfache Weise solche Erscheinungen mit dem Gesetze der Undurchdringlichkeit in Einklang bringen. Man braucht nur daran zu erinnern, daß es für die Merklichkeit eine Schwelle gibt. So wird denn auch bei der Kollokation verschiedener Qualitäten im Emp= findungsraum eine Unmerklichkeit der Abstände

und ebenso eine zwischen mehreren Qualitäten in unmerklich kleinen Teilen wechselnde Empfindung möglich sein, bei der die Vielfältigkeit der Teile im ganzen, nicht aber die Besonderheit ihrer Verteilung im einzelnen dem undeutlich Apperzipierenden sich verrät.

Dieser Gedanke löst, wie man leicht erkennt, ohne jeden Zwang das Rätsel. Und damit fällt der Einwand.

7. Daß die Mehrklänge, die multiplen Farben und die anderen verwandten Erscheinungen wirklich so zu deuten sind, läßt sich in gewissen Fällen direkt experimentell bestätigen. Bei Gehörsempfindungen[3] und Empfindungen niederer Sinnesgebiete knüpft sich an den Umstand, daß der Lokalisationsunterschied sich bei aufeinanderfolgenden Erscheinungen mehr als bei gleichzeitigen bemerklich macht, die Möglichkeit solcher Kontrolle; bei Gesichtsempfindungen gibt die Beobachtung des Wettstreits der Sehfelder in seinen mannigfachen Formen und Übergängen von vollkommener einseitiger Verdrängung zu vollkommener beiderseitiger Vermengung in der Doppelfarbe zur Verifikation Gelegenheit.

8. Der Aufschluß, den man so über das Wesen der multiplen Qualität gewinnt, gibt Licht auch für andere Fragen.

Auf dem Gebiet des Gesichts leistet er uns bei der Forschung nach der Art und Zahl der Grundfarben die wesentlichsten Dienste; war man doch gerade hier am öftesten an der Multiplizität ganz irr geworden, und verdammte von vornherein jeden Versuch psychologischer Analyse.

Auf dem Gebiet des Gehörs hat die bald größere, bald geringere Leichtigkeit, eine Tonverbindung als solche zu erkennen, zur Forschung nach den Gesetzen der „Verschmelzung" Anlaß gegeben. So Dankenswertes hier geleistet wurde: gar manches bleibt der Erklärung bedürftig. Die neue Auffassung erweitert wesentlich den Kreis der Erklärungsmittel[4].

Eine der interessantesten Fragen auf dem Gebiet der Empfindung ist die, ob und inwieweit auf verschiedenen Sinnesgebieten analoge Verhältnisse sich zeigen. Helmholtz, in seiner Schrift „von den Tatsachen in der Wahrnehmung", vermißt solche, was die multiplen Erscheinungen betrifft, für unsere zwei vornehmsten Sinne vollständig. Die neue Auffassung weist nach, daß sie bestehen, und daß, was von Differenz übrig bleibt, sich — von rein physiologischen Vorbedingungen abgesehen — auf Gradunterschiede der Deutlichkeit der Lokalisation zurückführt. So gewiß das Resultat, zu dem Helmholtz gekommen, höchst befremdlich war, so gewiß hat die neue Auffassung, indem sie es durch vorgängig Wahrscheinliches ersetzte, dadurch ihre eigene Wahrscheinlichkeit erhöht.

Das Wichtigste aber, was sich aus der Aufhellung der Natur der multiplen Sinnesqualität ergibt, ist die Sicherung des Gesetzes der Undurchdringlichkeit selbst gegen jeden Einwand. Man spricht von einer Enge des Bewußtseins, indem man im allgemeinen längst bemerkt hat, daß viel mehr von Seelentätigkeit potentiell und habituell sozusagen in uns schläft, als aktuell lebendig ist. Die Undurchdringlichkeit der Qualitäten in den Empfindungsräumen fügt hier nähere Bestimmungen hinzu. Schon auf dem Gebiet der Empfindung besteht eine solche Enge, indem jede Empfindung gewisse andere, die statt ihrer sein könnten, so lange sie selbst besteht, gesetzmäßig unmöglich macht.

9. Wie erfüllte, so werden auch leere Stellen im Sinnesraum im einzelnen unmerklich sein können, während sie, weil sie zahlreich sind, in ihrer Gesamtheit die Erscheinung merklich beeinflussen.

Wenn bei irgend einer Empfindung der subjektive Raum des Gesichtssinnes schachbrettartig mit unmerklich kleinen roten und blauen Feldern erfüllt würde, so würde man nach dem früher Erörterten in bezug auf das Ganze nicht mehr bemerken, als daß es an beiden Farben gleichmäßig teilhabe, und so würde es als ein mittleres Violett erscheinen. Denken wir dagegen jedes zweite Feld vollkommen leer, so wäre der blaue Stich des Violett verschwunden, und nur die Rötlichkeit bliebe (ungeschwächt sowohl als unverstärkt) bestehen. Dem undeutlich Apperzipierenden würde das Ganze dann rein rot, aber dennoch im Vergleich mit dem Falle lückenloser Erfüllung mit dieser Farbe nicht entfernt so stark gerötet erscheinen. Es böte sich, wenn auch rein rötlich, doch eigentlich nicht rötlicher als das zuvor erschienene Violett.

Wegen der Erscheinung des Schwarz bei mangelndem Lichtreiz und wegen der Gesetze des simultanen Kontrastes und der Lichtinduktion kann es beim Gesichtssinn zu solchen phä=nomenal leeren Stellen nicht kommen. Bei allen anderen Sinnen aber sind sie recht wohl denkbar. Und so hindert denn nichts, bei diesen die verschiedenen Grade der Intensität wirklich auf ein Mehr und Minder von Voll und Leer zurückzuführen, also die Intensität als ein gewisses Maß von Dichtigkeit der Er=scheinung im allereigentlichsten Sinne zu begreifen.

Durch eine solche Annahme würde man mit der her=gebrachten Anschauung über die Empfindungsintensität voll=kommen brechen. Nach ihr war die Intensität, ähnlich der Qualität, Räumlichkeit u. s. w., ein besonderes determinierendes Moment, das mit den anderen zum Concretum der Erscheinung verwuchs. Es zeigt sich, daß die Annahme eines solchen be=sonderen Moments entbehrlich ist.

Wenn aber entbehrlich, dann, nach dem Prinzip: „entia non sunt multiplicanda praeter necessitatem“, so fort auch unzulässig, insbesondere wenn sich — und man wird finden, daß dem wirklich so ist — kein einziger Fall aufweisen läßt, auf welchen die oben versuchte Deutung nicht anwendbar wäre. Kann man die Intensitätsunterschiede durchwegs auf räumliche Differenzen zurückführen, so wird die Intensität, ähnlich der Klangfarbe nach ihrer Rückführung auf verschiedene Töne der Skala u. dgl., als besondere Kategorie zu entfallen haben.

10. In Wahrheit, nur auf einem Sinnesgebiete würde die neue Auffassung der Intensitätsunterschiede unanwendbar sein; auf dem des Gesichts, und aus den eben angeführten Gründen. Phänomenal leere Stellen sind hier gesetzmäßig ausgeschlossen. Aber siehe da! dieses Gebiet ist es, wo, wie Hering hervorhob, die Intensitätsunterschiede vollständig fehlen.

Nach der herkömmlichen Auffassung im höchsten Grade auffallend, nach der unsrigen als notwendige Konsequenz gefordert: kann es etwas geben, was deutlicher zeigte, wie sehr diese vor jener den Vorzug verdient?

11. Doch auch noch eine Reihe weiterer Momente kommt bestätigend hinzu.

Bei der Herabminderung des Reizes tritt bei den anderen Sinnen eine Herabminderung der Intensität der Empfindung, beim Lichtsinne aber, statt ihrer, Verdunkelung ein. Aus Rot z. B. wird ein Schwarzrot oder Rotschwarz (wie man statt des üblichen Ausdrucks Rotbraun nicht unpassend sagen könnte). Was das heiße, hat unsere Erörterung über die multiplen Qualitäten dargetan. Es ist dies Schwärzlichwerden als eine Vermengung der früher allein gegebenen roten Farbe mit der schwarzen in unmerklich kleinen Flecken zu begreifen.

Wie kann es denn aber zu solchen schwarzen Flecken kommen? — Wir wissen es. Das Schwarz tritt auf, wo ein

Teil des Gesichtsraums, was den Lichtreiz anlangt, nicht mehr erfüllt sein würde. Das ist, was eine altbekannte Eigentümlichkeit des Gesichtssinnes durchgängig verlangt. Wir sehen also, wenn diese Eigentümlichkeit des Gesichts nicht bestände, so hätten wir auf dem Gebiete dieses Sinnes infolge der Herabminderung des Reizes wirklich Lücken, und somit, nach dem, was wir dargetan, auch wirklich eine Erscheinung herabgeminderter Intensität infolge bloßer Lücken. Nun besteht bei den anderen Sinnen eine analoge Eigentümlichkeit wie die des Gesichtsinnes nicht. Dagegen tritt bei ihnen die Herabminderung der Intensität in dem betreffenden Falle wirklich ein. Was könnte uns deutlicher darauf hinweisen, daß diese Herabminderung der Intensität bei ihnen wirklich auf Lücken (wie beim Gesichtssinn eingetreten, aber nicht wie beim Gesichtsinn subjektiv ausgefüllt) zurückzuführen ist?

12. Wiederum, die Verdunkelung bei Herabminderung des Lichtreizes ist, genau besehen, keine reine Annäherung an Schwarz; vielmehr erscheinen die Farben zugleich durch andere Farbentöne verunreinigt, und bei starker Herabsetzung des Lichtes schwimmt in dem ganzen Spektrum schließlich alles trüb und schwankend ineinander.

Auch dies läßt sich auf Grund der Hypothese der durch Lichtreiz gelassenen Lücken unter Berücksichtigung des simultanen Kontrastes, dessen ich schon als eines hier zu beachtenden Moments gedachte, deduktiv als notwendig erweisen. So werden wir denn nun noch stärker zu ihrer Annahme gedrängt. Dann aber gilt für die anderen Sinne, wo es keinen simultanen Kontrast gibt, dasselbe wie in dem unmittelbar zuvor dargelegten Argumente.

13. Ferner, wenn wir mehrere Töne mit mäßiger Stärke zusammenklingen lassen, so erscheint uns der Mehrklang als

Ganzes intensiver als jeder einzelne Ton in ihm. Kein Unbefangener wird dies verkennen, zumal wenn er beachtet, daß es sich nicht um die Stärke, die der Ton etwa haben würde, wenn die für seine Erregung aufgewandte Kraft allein wirkte, sondern um diejenige handelt, mit welcher er jetzt, wo gleichzeitig andere erregt werden, als einer von den Teilen des Mehrklanges auftritt.

Nach der traditionellen Auffassung der Intensität erscheint aber diese Tatsache, die, weil gelegentlich leicht zu beobachten, schier jedermann bekannt ist, völlig unbegreiflich. Nur den einzelnen Tönen im Mehrklang, nicht aber dem Mehrklang als Ganzem, dürfte nach ihr eine Intensität zugeschrieben werden. Oder wenn einer es sich doch irgendwie erlauben wollte, hier ungenau von einer Intensität des ganzen Mehrklangs zu sprechen, so dürfte es doch nur etwa so geschehen, daß er dem Mehrklang eine dem Durchschnitt aller darin enthaltenen Intensitäten entsprechende, also mittlere, Intensität beilegte. Das aber ist, was gewiß noch niemand eingefallen ist.

Dagegen ist es von unserem Standpunkte aus aufs klarste einleuchtend, daß auch dem Mehrklang selbst 1. eine eigentliche und 2. eine höhere Intensität als den einzelnen darin enthaltenen Tönen, ja eine geradezu aus ihren Intensitäten zusammengesetzte Intensität zukommen muß.

Ganz Ähnliches finden wir auf dem Gebiet des Gesichtssinnes.

Wenn Hering sagt, daß die Farbenerscheinungen keine Intensitätsunterschiede zeigten, so ist dies in gewissem Sinne, und in dem, welchen er im Auge hat, wahr; in gewissem Sinne dagegen falsch und entschieden der Erfahrung entgegen.

Nehmen wir an, wir hätten drei Farbenphänomene: ein reines Rot, ein reines Blau und ein gesättigtes mittleres Violett, so lehrt Hering mit Recht, daß die Intensität dieses Rotblau, als Ganzes betrachtet, von der Intensität jener neben ihm gegebenen reinen Farben nicht verschieden sein würde. Aber auch in dem Rotblau bestehen (wir haben es bewiesen) die zwei Farben, Rot und Blau, in aller Wahrheit inhaltlich beschlossen. Und von diesen muß offenbar zugestanden werden, daß sie hier beträchtlich schwächer, als wo sie rein gegeben sind, erscheinen. (Die Gleichheit der Qualität macht die Vergleichung der Intensitäten besonders leicht und sicher.) Aus den geringeren Intensitäten der beiden Elemente, Rot und Blau, setzt sich also hier die größere und der Intensität des reinen Rot und reinen Blau gleiche Intensität des Violett zusammen.

Wir sehen, daß der Fall der Mehrfarbe mit dem früher betrachteten des Mehrklanges wesentlich verwandt ist. So ist er denn auch ebenso wie jener nach unserer Auffassung der Intensität ganz selbstverständlich; nach der hergebrachten dagegen würde er, unter Anerkennung des wirklich multiplen Charakters der Farbe, schlechterdings unmöglich erscheinen.

14. Doch auch weiter noch und unter wesentlich anderem Gesichtspunkt zeigt sich die neue Auffassung der Intensität der herkömmlichen gegenüber in entscheidender Weise im Vorteil.

So gewiß wir zwischen der empfindenden Tätigkeit und dem, worauf sie gerichtet ist, also zwischen Empfinden und Empfundenem, zu unterscheiden haben (und sie sind so sicher verschieden als mein gegenwärtiges Mich-Erinnern und das Ereignis, das mir dabei als vergangen vorschwebt, oder, um einen noch drastischeren Vergleich anzuwenden, mein Haß eines Feindes und der Gegenstand dieses Hasses verschieden sind)[5]: so unzweifelhaft ist es doch, daß die Intensität des Empfindens und des Empfundenen die Intensität des sinnlichen Vorstellens und des sinnlich Vorgestellten immer und aufs genaueste einander gleich sein müssen. Lotze hat dies, nachdem es von gewisser Seite verkannt worden war, neu und mit Nachdruck hervorgehoben.

Aber so sehr diese Tatsache gesichert ist, so wenig bietet die hergebrachte Auffassung der Intensität dafür eine Erklärung. Ja schon das muß nach ihr höchst befremdlich erscheinen, wie man bei so ganz heterogenen Dingen, wie einer psychischen Tätigkeit und einem im Sinnesraum auftretenden physischen Phänomen mit solcher Bestimmtheit von genauer Gleichheit zu sprechen wagt, während gemeiniglich schon ein bloß spezifischer Unterschied unserer relativen Schätzung von Intensitätsgraden viel von ihrer Zuversicht nimmt.

Unsere Auffassung der Intensität erklärt auch hier alles aufs einfachste. Da nämlich jedem Teil des erfüllten Sinnesraumes ein darauf bezüglicher Teil unseres Empfindens entspricht, so entspricht auch jedem leeren Teil des= selben eine teilweise Privation von Empfindung. Ist jene leere Stelle eine unmerklich kleine Lücke, so ist auch die entsprechende teilweise Privation von Empfindung ein unmerklicher Entfall. Jeder sieht, wohin das in weiterer Konsequenz führt. Wenn die kleinen Lücken, im einzelnen unmerklich, im ganzen merklich werden, so wird dasselbe bezüglich der entsprechenden teilweisen Privation von Empfindung gelten. Und wie das Verhältnis zwischen Voll und Leer, so wird auch das zwischen Aktualität und Privation von Empfindung sein. Ein und derselbe Bruch bezeichnet das Maß der Verwirklichung auf dem einen wie anderen Gebiete; d. h. sie bestehen genau in gleicher Stärke. Die Auffassung ergibt also als notwendige Konsequenz genau das, was tatsächlich vorliegt, und bewährt sich also auch hier im Gegensatz zur hergebrachten aufs vollkommenste.

15. Und nun nach so vielen nur noch einen Punkt, wo sich die neue Auffassung im Vorteil erweist, und wo sie, wie

ich hoffe, jedem bei vervielfältigter Prüfung in vervielfältigter Weise sich bewährend, weithin aufklärend wirken kann.

Wie die hergebrachte Meinung über die Intensität dazu verleiten konnte, dem Empfinden eine der Intensität des Empfundenen ungleiche und unabhängig von ihr variierende Intensität zuzuschreiben, so auch eine Intensität für psychische Akte anzunehmen, die sich auf etwas, was gar nichts von sinnlicher Qualität und Kontinuität enthält, beziehen. Ja ganz allgemein hat sich die Ansicht festgesetzt, daß eine psychische Betätigung ohne irgendwelche Intensität einen Widerspruch involvieren würde. Ein Null von Intensität, meint man, müsse für die psychische Tätigkeit selbst den Nullpunkt bilden.

Danach käme denn z. B., auch wenn wir einen Begriff wie Wahrheit, Beziehung, Zukunft oder irgendeinen Zahlbegriff denken, diesem Denken immer eine Intensität zu. Und ebenso wäre jedem Urteilsakte und jeder Gemütstätigkeit, dem ruhigen Vorsatz nicht minder als dem aufgeregten Affekt, stets eine gewisse Intensität eigen.

Doch während beim Empfinden die Intensität des Empfindens von der des Empfundenen abhängig ist, konnte beim Denken jener Begriffe eine ähnliche Dependenz seiner Intensität von der im Inhalt des Gedachten beschlossen, nicht angenommen werden. Denn was z. B. fände sich in der Zahl Drei, das der Intensität eines Schalles oder Geruches verwandt wäre? — Und so kam man denn zu der seltsamen Meinung, daß, während jegliches zu Empfindende nur mit einem bestimmten Grad von Empfinden empfunden werden kann, jedwedes Denkbare mit jeder beliebigen Intensität des Denkens gedacht zu werden vermöge.

Dieser befremdliche Gegensatz hätte für sich allein schon darauf aufmerksam machen können, daß man hier in irrigen Bahnen sich bewegte.

Es ist wahr, auch nach unserer Auffassung der Intensität wird hier ein gewisser Gegensatz bestehen müssen; aber es wird keiner sein, der befremden könnte, da er sich vielmehr mit Not= wendigkeit aus der Natur der Sache selbst ergibt.

Wie unsere Auffassung erklärt, warum das Empfinden mit dem Empfundenen seiner Intensität nach übereinstimmt, so verlangt sie auch, daß, wo der innere Gegenstand einer psychischen Tätigkeit, auch diese selbst der Intensität ermangele. Nach unserer Auffassung wird also z. B. das begriffliche Denken und ebenso, was von Urteil und Gemütstätigkeit es zur Unterlage hat, im Gegensatz zum Empfinden niemals auch nur im ge= ringsten an einer Intensität teilhaben können.

Und das ist denn auch, was die Erfahrung dem Unbefangenen bezeugt. Von einer Intensität ist im Denken des Begriffes Drei so wenig als in dessen Inhalt etwas zu entdecken. Auch bei dem Urteil $1 + 1 = 2$ ist in der ur= teilenden Tätigkeit so wenig als im Inhalt dessen, worüber geurteilt wird, eine solche wahrzunehmen. Das Urteil wird mit höchster Zuversicht gefällt, aber diese Zuversicht ist nichts, was mit der Stärke einer Gehörsempfindung bei dröhnendem Paukenschlag irgendwelche Verwandtschaft hätte. Und wieder findet man die= selbe nicht, wenn man sich etwas, und wäre es auch noch so fest und bestimmt, zu tun vornimmt. Anders ist es, wenn man statt einer solchen (um mit Hutcheson zu sprechen) ruhigen Ge= mütstätigkeit einen Affekt ins Auge faßt. Doch dann liegt auch etwas vor, was ebenso wie die Empfindungsvorstellung zu sinn= lichen Phänomenen in Beziehung steht. Wer sich der Täuschung hin= geben kann, daß sich ein höherer Grad von Festigkeit des Vorsatzes als ein höherer Grad von Intensität im Bewußtsein darstelle, bei dem wäre es schier nicht zu verwundern, wenn er sich auch noch einbildete, die größere Festigkeit und Nachhaltigkeit einer Ideenverbindung als höheren Intensitätsgrad in dieser Tätigkeit zu unterscheiden.

Gewiß gibt es ein Mehr und Minder bei jeder Art von Denken und Wollen, wie z. B. wenn die Urteile sich vervielfältigen und die Willensbeziehungen bei einem verwickelten Plane zahlreicher werden. Aber hier wächst offenbar nicht eine stetige Größe, sondern es kommt wie beim Zählen Einheit zu Einheit hinzu. So würde denn, wer diese Art von Mehr und Minder für einen Intensitätsunterschied nähme, einer gar gröblichen Verwechselung sich schuldig machen.

Auch das ist richtig, daß es auf jedem psychischen Gebiete Erscheinungen gibt, die verschieden merklich oder (was dasselbe sagt), verschieden auffällig sind. Aber was heißt dies anderes, als daß die eine mehr, die andere weniger Chancen hat, bemerkt zu werden? Über das Warum dieses Mehr oder Weniger ist damit nichts bestimmt. Es mögen dabei sogar Faktoren, die für uns gar nicht zur Erscheinung kommen, Einfluß üben. Zwei Phänomenen, die ungleiche Chancen haben, bemerkt zu werden, daraufhin Größen und Größenunterschiede anzudichten, das ist ein Verfahren, das in aller und jeder Beziehung ungerechtfertigt erscheint.

So bestätigt denn auch hier vielmehr alles die neue Auffassung; und die Erklärung der Intensitätsunterschiede der Empfindung auf Grund der Annahme unmerklich kleiner Lücken in der sinnlichen Erscheinung zeigt sich nach dem allen nicht minder als die der multiplen Qualitäten auf Grund von Kollokationen in unmerklichen Abständen gesichert. Auch erkennt man leicht, wie die beiden Erklärungen sich gegenseitig fordern.

Sind sie richtig, so erkennt man, mit wie gutem Grund Descartes seinerzeit auf den Unterschied von deutlicher und undeutlicher Perzeption als einen der psychologisch wichtigsten aufmerksam gemacht hat. In der Tat, würden wir nicht die sinnlichen Erscheinungen mit unvollkommener Deutlichkeit perzipieren, so würden wir statt eines Scheins von Intensitätsunterschied und Wechseldurchdringung nur Besonderheiten der Kollokation in unserem Bewußtsein vorfinden. —

16. Besonderheiten der Kollokation! — das war der Gedanke, der, indem ihn die Physik auf den Unterschied leichterer und schwererer Körper und die Chemie auf die Mischungen anwandte, eine anschauliche Klarheit brachte, deren Mangel sich früher sehr unangenehm fühlbar gemacht hatte.

Auch auf unserem Gebiete war bisher fast alles in einer Bedenken erregenden Konfusion.

1) Schon über die Frage, ob die Intensität eine Größe sei, konnte man sich nicht klar werden. Herbart führte dafür an, daß sie ein Mehr oder Minder zeige. Aber Gauß verwarf dies, als zum Größenbegriff ungenügend. Eine Größe sei vielmehr das, worin gleiche Teile (wie in der Zahl die Einheiten, im Schuh die Zolle) zu unterscheiden sind. Fechner glaubte solche gleiche Teile der Reihe nach in den eben merklichen Unterschieden bei der Intensitätssteigerung aufzuweisen. Aber den Beweis, daß jeder eben merkliche Unterschied dem anderen gleich sei, hat er nie erbracht. Auch schien es manchem, daß mit der Zusammensetzung eines Abstandes von Intensitäten aus mehreren einander gleichen kleineren Abständen, die Zusammensetzung der Intensitäten selbst aus mehreren einander gleichen kleineren Intensitäten durchaus nicht erwiesen sei. Dazu müßte sozusagen, wie Stockwerk über Stockwerk, ein Teil der Intensität auf dem anderen aufgebaut unterschieden werden.

Auch habe E. H. Weber selbst eine solche Zusammensetzung einer Intensität aus mehreren Intensitäten nie behauptet[6].

Nach der neuen Auffassung erscheint der Zweifel über den Größencharakter der Intensität vollständig behoben. Die Intensität ist eine Größe, so gewiß sie das Maß der Dichtigkeit der sinnlichen Erscheinung ist. Und in Fällen multipler Qualität sind gewisse Intensitätsteile, aus welchen das Ganze der Intensität sich zusammensetzt, indem jeder einer anderen Qualität zugehört, deutlich zu unterscheiden. Wenn wir im Violett einen gleichstarken Stich ins Rote und Blaue bemerken, so haben wir auch mit derselben Deutlichkeit zwei gleiche Teile unterschieden, aus denen die Intensität des Violett sich zusammensetzt. Ähnlich ist es bei einem Doppelklang, in welchem jeder der beiden Töne in gleicher Stärke vertreten ist.

2) Ebensowenig war die Frage geklärt, warum die Intensität, wie eine untere, auch eine obere Grenze habe. Die unbesiegliche Schwierigkeit, die Erscheinung über ein gewisses Maß zu steigern, zeugte wohl für ihre Existenz. Aber während die untere Grenze durch die Natur der Sache gefordert erschien, neigte man hinsichtlich der oberen dazu, die an und für sich ins unendliche zu steigernde Intensität nur durch das subjektive physiologische Kraftmaß beschränkt zu denken. Nur wenn man (was freilich von uns überhaupt nicht gebilligt werden konnte) die Überzeugungsgrade des Urteils dem Intensitätsbegriffe mit unterstellte, machte man, aller Analogie entgegen, die entgegengesetzte Annahme; wie ja auch bei der Probabilitätsrechnung alle Wahrscheinlichkeiten als Brüche zwischen Null und Eins beschlossen sind.

Nach der neuen Auffassung geht für die Empfindungen die Notwendigkeit einer oberen Intensitätsgrenze ebenso klar wie die Notwendigkeit einer unteren aus der Natur der Sache selbst hervor. Wenn alle Lücken ausgefüllt sind, so ist das äußerste Maß von Intensität erreicht.

3) Wiederum, wenn man bisher die Frage aufwarf, ob bei Sinneserscheinungen von verschiedener Modalität im gleichen oder nur in einem analogen Sinn von Intensität gesprochen werden könne, so kam man auch hier über den Zweifel nicht hinaus.. Viele, ja die Meisten neigten dazu, wie bei Hell und Dunkel, Sättigung und Ungesättigtheit, wenn die Ausdrücke innerhalb verschiedener Grundklassen an= gewandt werden, auch bezüglich der Intensität nur an eine Analogie zu glauben, und den, der einen Schall, mit einem Geruch verglichen, schwächer oder stärker nennen wollte, für ebenso töricht zu erklären, wie den, welcher die Länge eines Jahres mit Schuhen und Zollen messen zu können glaubte. Anderseits fühlte man sich aber doch fort und fort versucht, das, was so töricht sein sollte, wirklich zu tun, und z. B., wo es sich um einen sehr intensiven Geruch und ein kaum merkliches Geräusch handelte, den ersten für ungleich stärker zu erklären.

Die neue Auffassung hebt diesen Widerstreit zwischen dem Ergebnis der Überlegung und dem unmittelbaren Drange. Nach ihr erscheint dieser Drang vollberechtigt. Alles, was die In= tensität betrifft, führt sich ja nun auf die Proportion zwischen der Ausdehnung des Vollen und Leeren in den undeutlich ver= mengten Teilen der Sinnesräumlichkeit zurück. Und selbst vom empiristischen Standpunkt, obwohl dieser die Sinnesräumlichkeit bei jedem anderen Sinn heterogen denken mag, stellt es sich daraufhin heraus, daß jede Intensität zu jeder anderen in einem Größenverhältnis stehen muß.

4) Ein anderer Punkt, wo die bisherige Auffassung der Intensität zu mannigfacher Konfusion geführt hat, wurde schon von uns berührt. Es war die Frage über das Verhältnis des Empfindens zum Empfundenen.

Wie das Empfundene eine Intensität hat, so auch das darauf bezügliche Empfinden. Ist nun die Intensität des einen immer der des anderen gleich? — Wir sahen, wie manche dazu kamen, das Gegenteil anzunehmen. Diejenigen aber, die sich nicht entschließen konnten, die Möglichkeit einer Verschiedenheit der Intensität zwischen Empfinden und Empfundenem zuzulassen, fielen daraufhin oft in den Fehler, statt einer für sie un=erklärbaren Gleichheit nunmehr geradezu eine Identität an=zunehmen. So wurde denn die w i c h t i g e D i f f e r e n z z w i s c h e n p r i m ä r e m u n d s e k u n d ä r e m O b j e k t d e r E m p f i n d u n g gänzlich von ihnen verkannt.

Wir sahen, wie die neue Auffassung, ohne solche Gewalt=mittel anzuwenden, die notwendige Gleichheit der Intensität, für Empfinden und Empfundenes und überhaupt für jede psychische Tätigkeit und ihr inneres Objekt, wo immer dasselbe selbst einer Intensität teilhaft ist, aufs leichteste erweist. Auch dieser Anlaß zur Konfusion ist also jetzt behoben.

5) Ähnliches zeigt sich für den Widerstreit, in welchen die Psychologen hinsichtlich der Intensität der Gesichtserscheinung geraten sind. Die längste Zeit wurden hier ganz allgemein die Helligkeitsunterschiede für In=tensitätsunterschiede erklärt. Diejenigen aber, die dies als unzulässig verwarfen, außerstande, andere Intensitätsunterschiede beim Gesichte namhaft zu machen, haben daraufhin diesem Sinne die Partizipation an der Intensität ganz abgesprochen. War jenes eine Konfusion, nicht geringer, als wenn man auf dem Tongebiet Hoch und Tief mit Laut und Leise identifizieren würde, so war dieses ein Paradoxon, zu dessen Annahme sich niemand recht entschließen konnte.

In Wahrheit ist H e r i n g , als er sich das hohe Verdienst erwarb, als der erste auf jene Verwechselung aufmerksam zu machen und den Mangel der Intensitätsunterschiede auf dem

Gebiete der Gesichtsempfindung zu konstatieren, zu weit ge=
gangen, indem er daraufhin die Intensität selbst für die Er=
scheinungen des Gesichtssinnes leugnete. Doch vom Standpunkte
der alten Auffassung der Intensität erschien dieser Satz schier
wie ein notwendiges Korollar. Denn eine volle Gleichheit
findet sich in der Welt zu selten, als daß es tunlich erschiene,
sie ohne ersichtlichen Grund für ein weites Gebiet von Er=
scheinungen und ohne Ausnahme als in voller Strenge bestehend
zu betrachten. Doch den Grund, der für Hering sich
nicht zeigte, läßt die neue Auffassung sofort hervor=
treten, indem sie (wir haben es gesehen) die Gleichheit samt
allem anderen, was hier von Besonderheiten des Gesichtssinnes
gefunden wird, als notwendige Konsequenz altbekannter Gesetze
erweist.

So erscheint es denn wohl auch zweifellos, daß mit
der Annahme der neuen Auffassung der Intensität
auch die wichtige Wahrheit, die in Herings Auf=
stellung liegt, endlich einmal zu allgemeiner
Geltung gelangen, und die Konfusion, die er hier
auf optischem Gebiet in der Sinnespsychologie be=
seitigen wollte, wirklich behoben werden würde.

17. Da hätten wir denn etwas von dem Segen, den die
Einführung einer anschaulichen Vorstellung wie anderwärts auch
hier in rascher Folge erhoffen läßt.

Und wie viel anderes dürfen wir uns nicht versprechen!
Kann doch die volle Entfaltung zu allen Konsequenzen auch bei
der anschaulichsten Hypothese niemals die Sache eines Augen=
blickes sein.

Wenn die Meinung allgemein zu Falle käme,
daß ebenso wie der Empfindung auch jeder anderen
psychischen Tätigkeit eine Intensität eigne, so

wäre das etwas, was weithin Einfluß üben müßte. Wie sehr hat sie sich nicht als Dogma festgesetzt! Wie allgemein wird sie geteilt! Hätte Hering nicht Widerspruch erhoben, man könnte — in der Psychologie ein seltener Fall — geradezu von Einmütigkeit reden. Und vielleicht trug der Verstoß seiner These gegen diese sententia inter communes communissima ganz besonders dazu bei, sie trotz ihrer vollkommenen relativen Berechtigung so allgemein anstößig erscheinen zu lassen. So wird denn freilich auch gegen unsere Auffassung dasselbe Vorurteil mächtig sich stemmen.

18. Doch wenn das Vorurteil, daß die Erde still stehe, schließlich hat weichen müssen, so wird auch dieses nicht unbesieglich sein.

In dem schon besprochenen Falle, wo es sich darum handelt, die Konfusion der Intensität mit der Helligkeit zu beheben, wird es, direkt wenigstens, keinen Einfluß mehr üben, da wir, wenn wir die falsche Intensität verwerfen, eine wahre als vorhanden aufweisen. Das wird der Aufnahme günstig sein. Auch muß das deutliche Hervortreten dessen, was hier wahrhaft als Intensität besteht, namentlich in der wechselnden Größe ihrer einzelnen Teile den Mangel des Anspruchs, den die Helligkeit auf den Namen hat, vollends auffällig machen.

Hat man aber hier einmal seine Ansicht allgemein berichtigt, so wird das weitere Folgen haben.

So lange man so wesentlich verschiedene Dinge wie Laut und Leise und Hell und Dunkel mit dem gleichen Namen benannte, war es nur konsequent, wenn man hinsichtlich der Anwendbarkeit des Intensitätsbegriffes auf verschiedenen Sinnesgebieten nur an Analogie glaubte. Der Ausdruck galt also als äquivok und konnte darum auch für die Frage, ob noch anderwärts und noch außerhalb des sinnlichen Gebietes im wahren Sinne des Wortes eine Intensität vorhanden sei, kein präzises Kriterium abgeben.

Auch von diesem Gedanken bloß analoger Einheit des Terminus wird man nunmehr zurückkommen und dann in einem unzweideutigen und scharfmarkierten Begriffe einen verlässigeren Prüfstein besitzen.

Die Erfahrung, daß man auf dem Gebiet des Gesichts so allgemein etwas für Intensität hatte nehmen können, was keine war und keine tiefere Verwandtschaft damit hatte, wird aber nun zu weiterer Selbstprüfung auffordern. Sie wird den Gedanken nahe legen, daß ähnliches wie hier auch anderwärts geschehen sein möge.

Und wie leicht wird man die Vermutung dann bewährt finden! War man doch, wenn man in willkürlichster Weise hier einen Überzeugungsgrad, dort einen Grad der Merklichkeit, dort wieder, wer weiß, was alles noch anderes, als Intensität der Erscheinungen gelten ließ, längst mit sich selbst in Widersprüche geraten.

Ist es z. B. nicht offenbar, daß jedem Urteil, bei welchem der Überzeugungsgrad die Intensität sein sollte, ganz ebensogut wie anderen psychischen Funktionen auch ein Grad von Merklichkeit zukommt? Wer könnte das verneinen? — Daß aber dieser nicht mit dem Überzeugungsgrad des Urteils wachse und abnehme, dürfte sich aus der Tatsache, daß wir Überzeugungen in Menge ganz unbemerkt in uns tragen, genugsam erweisen, wie denn der gemeine Mann sehr gewöhnlich von den Prämissen seiner eigenen Folgerungen keine Rechenschaft zu geben fähig ist, während ein quälender Zweifel sich uns aufs deutlichste bemerklich macht. Charakteristisch ist es in dieser Beziehung, daß man sich von alters her den Skeptikern gegenüber mit Vorliebe gerade auf den Fall des Zweifels berief. — Und wenn mir alles zweifelhaft ist, sagte man, so bleibt mir wenigstens das eine gewiß, daß ich zweifele.

Wenn es sich nun aber hier sozusagen mit Händen greifen läßt, daß man, indem man bisher die Allgemeinheit der Intensität behauptete, fort und fort solches, worin sie unmöglich bestehen konnte, dafür gehalten hat, so dürfte diese Einsicht nicht wenig den Zusammenbruch des allgemeinen Dogmas selbst erleichtern. Wäre eine wahre Intensität überhaupt vorhanden gewesen, noch dazu nicht so, wie es infolge ganz außergewöhnlicher Umstände beim Gesichtssinn der Fall ist, durch vollkommene Gleichheit verschleiert, so hätte nicht wohl eine falsche für die schon anderweitig besetzte Stelle als Kandidatin auftreten können. Und so wird denn, ich vertraue, das Vorurteil auch wirklich behoben werden.

19. Was das dann weiter bedeuten werde, ist wohl leicht ersichtlich.

Wie viel hatte nicht die Herbartsche Psychologie, wie viel nicht auch die Psychophysik auf dieses Dogma gebaut! Alles das wird im Sturze mitgerissen werden. Und wir sehen so, wie die Berichtigung eines kleinen Punktes der Empfindungslehre einen weittragenden reformatorischen Einfluß üben wird.

Selbst die Hypothesen, welche man über das Weltganze aufgestellt hat, werden davon nicht unberührt bleiben.

Man hat für die beiden Gebiete des Psychischen und Physischen vielfach eine durchgängige Analogie behauptet; den Nachweis dafür freilich nicht erbracht oder auch nur ernstlich zu erbringen versucht. Man hielt sich ganz im allgemeinen und da konnte denn der Gedanke an die Intensität als eine Art

Größe, die jedem Psychischen, wie die räumliche jedem Körper=
lichen eigen sei, der ihm zugedachten Rolle genügen.

Behauptete man aber einmal durchgängige Analogie von
Psychischem und Physischem, warum nicht lieber geradezu ihre
Identität behaupten, oder das eine dem anderen einfach sub=
stituieren? — In allem dem Physischen analog und in sich
selbst allein durch evidente Wahrnehmung gewährleistet, muß
das Psychische jede hypothetische Annahme eines Physischen
überflüssig erscheinen lassen.

So klingt denn unter anderem auch die Wundtsche Psychologie
in dem Gedanken aus, daß man die Annahme einer physischen
Welt, nachdem man ihn eine Zeit lang heuristisch verwertet,
schließlich wie ein Gerüst fallen lassen könne, wo dann das
Ganze der echten Wahrheit als rein psychisches Weltgebäude
sich enthülle.

Dieser Gedanke hatte wohl auch bisher wenig Aussicht,
jemals eine greifbare Gestalt und eine Durchbildung ins einzelne
zu gewinnen. Die neue Auffassung der Intensität aber mit
ihrem klaren Nachweis, daß eine intensive Größe nichts weniger
als universell den psychischen Tätigkeiten eigen genannt werden
kann, macht die Hoffnung, daß es einmal zu einer solchen kommen
werde, vollends zu nichte.

Den Glauben an den wahren Bestand einer
Körperwelt werden wir uns also nicht nehmen
lassen, und er wird für die Naturwissenschaft immer die
Hypothese aller Hypothesen bleiben.

———

Nur rasch und mit wenigen Worten durfte ich es mir er=
lauben, hier auf mannigfache Belehrungen hinzudeuten, die uns,
und selbst für fernabliegende erhabene Fragen aus einer Klärung
der Natur der Sinnesintensität fließen können. Da mag denn

freilich — und ich habe hier wohl auf freundliche Nachsicht Anspruch — manchem gar manches nicht ganz deutlich oder nicht überzeugend genug erschienen sein.

Aber eine Wahrheit von allgemeinster praktischer Bedeutung, welche die Zeitlage und unser gemeinsames wissenschaftliches Streben angeht, dürfte jeder, bei dem die vorhergepflogenen eingehenderen Erörterungen über Individuation, multiple Qualität und Sinnesintensität ihre Absicht nicht ganz verfehlten, jedenfalls daraus gewonnen, oder durch sie aufs neue bestätigt gefunden haben: sie haben ihm gewiß mit anschaulichster Klarheit gezeigt, wieviel uns noch daran fehlt, daß auch nur die elementarsten Probleme der reinen Psychologie zu entsprechender Lösung geführt wären.

Welcherlei Aufgaben die psychologische Forschung der Gegenwart als die vor allem dringlichsten betrachten müsse, ist hiernach leicht ersichtlich.

Die Methode verlangt, daß man vom Einfacheren zum Komplizierteren fortschreite.

Auch winkt der Arbeit hier der reichste Lohn, da jeder Fortschritt in der Erkenntnis des Elementarsten, selbst wenn klein und unscheinbar in sich, seiner Kraft nach immer ganz unverhältnismäßig groß sein wird.

Anmerkungen.

1 (S. 54). Die Ausdrücke „Hell", „Dunkel", „Kolorit", „Sättigung", auf dem Gebiete des Gesichts im besonderen üblich, erscheinen hier durch Analogie auf alle Grundklassen übertragen. Der Ausdruck „Hell und Dunkel", auf das Tongebiet angewandt, deckt sich mit dem, was man hier als „Hoch und Tief" zu bezeichnen pflegt. Einen Klang, dessen Charakter sich dem eines bloßen Geräusches nähert, werden wir dagegen im Vergleich mit einem anderen, bei dem das nicht der Fall ist, eine weniger gesättigte Tonempfindung nennen. Für das Gebiet des Geschmackes hat in bezug auf Süß und Bitter schon Aristoteles richtig bemerkt, daß das eine zum anderen wie eine hellere zu einer dunkleren Farbe sich verhalte. Ebenso wurde mir auf mein Befragen von den verschiedensten Personen die kühle Empfindung beim Anblasen der Hand im Vergleiche mit der warmen beim Anhauchen mit Bestimmtheit als hellerer Eindruck bezeichnet. Eine Empfindung von Kühle, wenn man sie einer Empfindung von Süßigkeit oder dem Geruch einer Lilie vergleicht, wird, ähnlich wie Weiß beim Vergleich mit einer Farbe im engeren Sinn und ein Gezisch oder anderes Geräusch beim Vergleich mit einem klingenden Tone, als ungesättigte Erscheinung sich erweisen. Ich sage dies, davon unbeirrt, daß man es nach der üblichen Klassifikation hier auf der einen nicht ebenso wie auf der anderen Seite mit einem einheitlichen noch auf beiden mit demselben Sinn zu tun haben würde. Die Frage nach dem Prinzip der Abgrenzung der Sinnesgebiete, nur von Helmholtz (die Tatsachen in der Wahrnehmung) etwas gründlicher in Erwägung gezogen, bedarf noch wesentlicher Korrekturen. Es würde uns sehr weit abführen, wenn wir hier uns eingehender

mit ihr beschäftigen wollten. (Die Beispiele lassen erkennen — doch mag es nicht überflüssig sein, darauf ausdrücklich aufmerksam zu machen —, daß ich auf dem Gebiet des Schalles nicht das, was man „Klangfarbe" genannt, als das eigentliche Analogon der Farbe im engeren Sinn auf dem Gebiet der Gesichtserscheinung ansehe; daher habe ich auch zur Vermeidung von Verwechselungen das Fremdwort „Kolorit" vorgezogen.)

2 (S. 58). Wenn der Akkord ce ein so einfacher Ton wäre wie c und e, aber ohne selbständigen Namen, vielmehr nur wegen einer Art mittlerer Stellung zwischen c und e relativ zu ihnen benannt, infolge dieses Umstandes für zusammengesetzt gehalten würde, so müßte dasselbe noch viel mehr für einen Ton gelten, den wir als cis oder geradezu als ein unreingestimmtes etwas zu hohes c bezeichnen, indem auch diesem kein selbständiger Name eignet, und von ihm noch viel gewöhnlicher geglaubt wird, daß er zwischen zweien bei der Skaleneinteilung selbständig benannten in sozusagen direkter Linie liege. Ebendarum reicht dann aber auch die analoge Erklärung für ein rötliches Weiß mit bezug auf Rot und Weiß und für ein Bittersüß mit bezug auf Bitter und Süß nicht aus. Auch bei der Zeiteinteilung ist es noch niemand eingefallen, den Zeitpunkt, den wir $1\frac{1}{2}$ oder $\frac{1}{2}2$ Uhr nennen, wegen dieser ausschließlich relativen Bestimmung und unselbständigen Bezeichnung für minder einfach als den Zeitpunkt 1 Uhr oder 2 Uhr und für einen aus diesen beiden zusammengesetzten Zeitpunkt zu halten.

Ebensowenig zulässig ist die Erklärung des Scheines der Zusammensetzung aus Assoziationen auf Grund vorausgegangener Erfahrung über die Entstehungsweise. Der Musiker würde sonst in einem zum erstenmal gehörten Akkord keines seiner Tonelemente und bei einer ihm völlig fremden Klangfarbe den Hauptton nicht bestimmen können. Ähnliches widerführe dem Maler bei einer zum erstenmal ihm begegnenden Farbennuance (und bei ihrer unendlichen Mannigfaltigkeit kommen ihm täglich neue unter; viel eher kann man bezweifeln, ob ihm je eine völlig gleiche wiederkehren werde).

Der Musiker analysiert einen Klang manchmal mit Anstrengung; aber nicht, indem er sich die Erinnerung an ein

früheres Entstehen aufzurufen sucht, sondern indem er seine Auf=
merksamkeit auf dies und jenes Element im einzelnen richtet.
Ähnlich verfährt denn auch der Maler, wenn es sich in einem Falle
darum handelt zu erkennen, ob nicht noch ein schwacher Stich ins
Rot oder Blau oder Weiß u. s. f. in einer Farbennuance vorhanden
sei. Daß er sich durch die Erfahrungen bei Pigmentmischungen
zu dem Glauben verleiten ließe, er sehe in der Farbe, was gar
nicht in ihr enthalten sei, kann nur der behaupten, der von diesen
Erfahrungen sehr unvollständig Kenntnis hat. Hielte der Maler
ein Orange deshalb für rötliches Gelb, weil er ein entsprechendes
Pigment aus Rot und Gelb mischen kann, so müßte er, da er
gar oft aus der Mischung von Rot und Grün ein Grau und aus
der von Schwarz und Gelb ein Grün erhalten hat, auch dazu
geführt worden sein, jenes Grau für Rotgrün und dieses Grün
für gelbliches Schwarz zu erklären. Das tut er nun aber nicht.
Auch wäre seine Einbildung dabei nicht minder seltsam als die
eines Physikers, der, weil er die Entstehung des Weiß aus einer
Vereinigung der spektralen Lichter kennt, die Zusammensetzung aus
allen Farben des Regenbogens in ihm zu unterscheiden vermeinte.

3 (S. 59). Der um die psychologische Akustik so vielfach ver=
diente Forscher C. Stumpf hat an diesen Worten, was den Ge=
hörsinn betrifft, Anstoß genommen. Er meint, die Erfahrung zeige
uns nirgends eine Art von räumlichem Außereinander von Tönen.
Doch jeder kann sich von der Richtigkeit dessen, was ich hier sagte,
überzeugen, wenn er z. B. abwechselnd das eine und andere Ohr
zudrückt, während er bei geschlossenem Mund einen summenden
Laut fortdauernd erregt. Das Gesumm, bald von dem einen,
bald von dem anderen Ohr überwiegend perzipiert, scheint her=
über und hinüber zu springen. Dabei hört man beim Öffnen des
Ohres einen gewissen Knall, der, wenn das Gesumme in dem
andern Ohr schon begonnen hat, deutlich außerhalb und in ört=
licher Entfernung von ihm gelegen erscheint. Auch lehrt Stumpf
selbst (Band II, S. 56), daß uns die tiefen Töne ausgedehnter
erschienen als die hohen, was vollkommen der Wahrheit entspricht
und allein die Tatsache begreiflich macht, daß nur der tiefe Ton
den höheren, nie aber umgekehrt, vollständig zu verdrängen im=
stande ist. Daß es infolge solcher Verschiedenheit der Ausdehnung

im Fall der Gleichzeitigkeit zu einem Nebeneinander kommen muß, ist unleugbar. Und Stumpf selbst kommt nur darum nicht zu dieser Einsicht, weil er irrtümlicher Weise meint, jede Erscheinung eines Nebeneinander müsse auch mit deutlicher Apperzeption der relativen Lagen verbunden sein. Infolge davon weiß er seine Behauptung der bald größeren, bald kleineren Ausdehnung der Tonerscheinung zu keiner Klarheit zu bringen. Die „Ausdehnung" wird ihm zu einer „Quasi=Ausdehnung", zu einem Analogon der Ausdehnung, welches keine Mehrheit von Teilen habe und schließ=lich gar zu einer in sich selbst gar nicht zu charakterisierenden Be=schaffenheit, welche nicht sowohl eine Ähnlichkeit mit Ausdehnung haben als uns der Anlaß werden soll, die Erscheinung als Zeichen eines im wirklichen Raum ausgedehnteren Erregers zu betrachten. (Es wäre also hier der Ausdruck „Ausdehnung" äquivok, wie der Ausdruck „Gesundheit", wenn wir von einer gesunden Gesichts=farbe und einem gesunden Organismus reden.) Ich denke, daß sich dies kaum allgemein bewahrheiten würde, und insbesondere nicht wohl dann, wo es sich um das Gebrumme einer Hummel im Vergleich mit einem Trompetengeschmetter handelt, und ebenso ist offenbar, daß man so das erwähnte Verdrängungsgesetz nicht mehr zu begreifen imstande wäre.

Man vergleiche auch Äußerungen von Stumpf selbst an anderen Stellen seiner Tonpsychologie, z. B. II, S. 441 ff., in welchen mir wenigstens die Anerkennung eines phänomenalen Außereinander von Tönen deutlich beschlossen scheint.

4 (S. 60). Man spricht von Verschmelzung, wenn gleichzeitig erklingende Töne nicht leicht in ihrer Mehrheit erkannt werden. Sie zeigt verschiedene Grade bis herab zu dem Fall, wo die Ver=schmelzung null wird, indem die Mehrheit sich jedem sofort als solche offenbart, wenn er auch darum vielleicht noch nicht imstande sein wird, die einzelnen Komponenten zu unterscheiden und in ihrem Höhen=abstand zu bestimmen. Stumpf hat sich mit besonderem Eifer um ein tieferes Verständnis von Verschmelzungserscheinungen bemüht. Er hat aber ihren Kreis enger gezogen, als ich es hier tun möchte. So sind ihm alle Verschmelzungsgrade in einer Oktave gegeben. Der höheren Oktave, ja der um das dreifache, vierfache, fünffache vom Grundton abstehenden schreibt er denselben Grad der Verschmelzung

wie der ersten Oktave zu; nicht als ob er leugnen wollte, daß bei sehr großem Abstand zweier Töne sich die Zweiheit leichter verrät, sondern weil er hier den Grund für die leichtere Erkennbarkeit in der großen Distanz der beiden Elemente findet. Wenn aber z. B. sich beim Hinzukommen der kleinen Sekund zum Grundton die Mehrheit deutlicher verrät als bei dem der Quint, kann an ein solches Erklärungsprinzip nicht gedacht werden. Hier also sieht er eine besondere Klasse von Fällen, und der größere oder geringere Grad von Verschmelzung in diesem so eingeschränkten Sinn gilt ihm als eine nicht weiter zu analysierende Tatsache.

Ich meinerseits möchte weder dies zugeben, noch es mir ver= wehren lassen, den Namen „Verschmelzung" in weiterer Aus= dehnung anzuwenden.

Ich begreife darunter also:

1) den Fall der Verschmelzung mehrerer Tonelemente, welche sich in jedem einzelnen Ton der Skala, für sich genommen, nach= weisen lassen. Es sind deren oft nicht bloß zwei, sondern drei, unter welchen aber immer nur eines ein Ton im engeren Sinne, die beiden anderen ungesättigte Elemente sind. Die Verschmelzung ist hier so innig, daß schier alle Tonpsychologen, und insbesondere auch Stumpf in seinem großen Werke über Tonpsychologie, sie verkennen.

2) rechne ich zu den Fällen der Verschmelzung denjenigen, wo ein Ton als Hauptton sich mit mehreren anderen als Nebentönen zu einem Klang verbindet. Die Vokale gehören hierher. Auch hier ist die Verschmelzung so innig, daß viele gar nicht ahnen, daß es eine Vielheit von Nebentönen ist, welche dem Hauptton seine Klang= farbe gibt, geschweige, daß sie imstande wären, sie im einzelnen namhaft zu machen.

Bekannt ist die Tatsache, daß Personen, welche, ohne jedes sogenannte musikalische Gehör, sich außerstande erweisen, einen Einzelton oder auch ein in Melodie und Akkorden gegebenes Ton= verhältnis wiederzuerkennen, die besondere Klangfarbe eines In= strumentes oder einer Stimme und insbesondere auch die Eigenart jedes Vokales aufs leichteste zu unterscheiden vermögen, obwohl man gerade hier, wo eine große Mannigfaltigkeit von Tönen und jeder für sich in sehr geringer Intensität in Betracht kommt, eine besonders seine Unterscheidung von Tonqualitäten und Tonabständen für die unentbehrliche Voraussetzung einer solchen Leistung halten möchte. Sie fehlt schlechterdings, und trotzdem gelingt die Erfassung des gemeinsamen Charakters, welchen in diesem Sinn gleichartige Tongruppen als Ganze haben, aufs leichteste und vollkommenste.

Mit einem besonderen Höhenverhältnis der zu verschmelzenden Elemente hat diese Art der Verschmelzung ebensowenig als die an erster Stelle namhaft gemachte etwas zu tun.

Es knüpfen sich an sie sehr merkwürdige Folgen, wie z. B. die Möglichkeit der Unterscheidung der zwei Tongruppen, wenn ein a und o gleichzeitig, sei es mit verschiedener, sei es mit gleicher Lage des Hauptones gesprochen oder gesungen werden und überhaupt die der richtigen Verteilung der Nebentöne auf zwei oder mehrere gleichzeitig erklingende Hauptöne verschiedener Stimmen oder Instrumente, mögen dieselben qualitativ ungleich oder auch gleich sein und im letzteren Falle mit ungleicher oder auch gleicher Intensität erklingen.

Etwas damit Verwandtes liegt auch vor, wenn von den ein und denselben Hauptton begleitenden Nebentönen zwei Gruppen in der Unterscheidung auseinander treten, also jede von ihnen in sich eine innigere Verschmelzung als mit den zur anderen Gruppe gehörigen Nebentönen zeigt, wie bei Umlauten wie ä, ö, wo beispielsweise von dem ersten leicht erkannt wird, daß seine Klangfarbe aus zweien, deren eine der Klangfarbe des a und deren andere der Klangfarbe des e nahekommt, besteht.

3) Eine weitere Klasse bilden die verschiedenen Grade der Verschmelzung, welche sich innerhalb einer Oktave in absteigender Folge für Quint und Quart, große Terz und große Sext, kleine Terz und kleine Sext, große Sekund, kleine Sekund u. a. zeigen. Dies ist der Fall, den Stumpf im besonderen im Auge hat, indem er ihm auch noch den unterordnet, dem wir in dem folgenden eine Sonderstellung zu geben vorziehen. Es ist dies:

4) der Fall der Verschmelzung des Grundtones mit der Oktave, welche inniger ist als alle in der vorigen Klasse zusammengestellten und ohne Mitberücksichtigung eines eigentümlich neuen Grundes nicht vollkommen erklärbar sein wird. Die größere

Innigkeit besteht hier gegenüber der bei der Quint wie auch bei dieser wieder gegenüber der bei der großen Terz oder gar der kleinen Sekund trotz des weiteren Tonabstandes in der Skala. Doch ist:

5) dieser an und für sich von Nachteil. Und dies zeigt sich z. B. darin, daß die höhere Oktave nicht so gut als die nächstfolgende, und jede noch höhere noch weniger als diese, mit dem Grundton verschmilzt. In diesem Fall werden mit der Mehrheit zugleich jedesmal auch die qualitativen Besonderheiten der Töne und ihr größerer oder geringerer Abstand zum Bewußtsein kommen.

6) Wenn eine Verbindung von Grundton und kleiner Sekund, welche in mittlerer Tonlage sich so leicht als Mehrklang verrät, in sehr tiefer oder sehr hoher Tonlage gegeben ist, so wird sie leicht als Mehrheit verkannt, und dasselbe gilt von den anderen hier an vierter Stelle, als Fälle geringerer Verschmelzung, namhaft gemachten Zweiklängen. Es ist klar, daß hier ein besonderer Umstand der nach dem dort gegebenen Gesetz zu erwartenden Leichtigkeit der Erkenntnis entgegenwirken muß.

Um zunächst von dem dritten Fall zu sprechen, den Stumpf, wie gesagt, als eine nicht weiter zu analysierende Tatsache betrachtet, so scheint mir für ihn in drei Momenten ein Erklärungsgrund gegeben.

Das eine liegt in der Gewohnheit, gewisse Töne als Nebentöne in nicht ganz geringer Stärke mit anderen als Haupttönen durch einheitliche äußere Erreger erweckt zu sehen. Gar oft konfundieren wir ja die Einheit oder Mehrheit des Zeichens mit der Einheit oder Mehrheit dessen, worauf es hinweist. Und so mögen wir es uns denn angewöhnt haben, gewisse Töne, wenn sie zusammenklingen, auch in sich selbst als eine Einheit anzusehen. Doch ich muß gestehen, daß ich dieses Moment für das hier in seiner Kraft schwächste halte und ihm nur etwa bei der Oktave einen einigermaßen bedeutenden Einfluß zuschreiben könnte, wo aber auch, wie gesagt, noch anderes und ganz Eigentümliches vorliegt, was die Verschmelzung begünstigt.

Das zweite besteht in Besonderheiten der begleitenden Gefühle. Ein Gefühl begleitet nicht bloß den Mehrklang, sondern auch schon jeden einzelnen Ton und ist hier (von Fällen über-

trieben gesteigerter Intensität abgesehen) durchweg ein angenehmes
zu nennen. Bei den Zweiklängen ist oft das Gegenteil der Fall,
indem sie entweder schlechthin unangenehm sind, oder wenigstens
ein unangenehmes Gefühl sich einmischt. Umgekehrt ist mancher
Mehrklang durch einen besonderen Zuwachs von Lustgefühl vor
jedem Einzelton ausgezeichnet, wie dies (um hier nur von Zwei=
klängen zu sprechen) insbesondere von der großen Terz, die sich als
Wohlklang bereits dem Dreiklang nähert, sowie von der großen
Sext, etwas minder aber von der Quart und noch weniger von
der Quint gesagt werden kann. So wird denn in dem ersteren
Teil der Fälle (und so schon bei der wehmütigen kleinen Terz,
kleinen Sext und kleinen Septime, ungleich mehr aber bei der
großen Sekund, großen Septime und kleinen Sekund) das Auf=
treten eines entgegengesetzten Gefühls, bei dem zweiten aber, und
insbesondere bei großer Terz und großer Sext, nicht aber ganz so
leicht bei der Quart und noch weniger bei der Quint die beträcht=
liche Steigerung des angenehmen Gefühls zum Verräter. Die Fälle
von Gegensatz machen sich natürlich am meisten und der eines aus=
gesprocheneren mehr als der eines minder ausgesprochenen, auf=
fällig. Es ist sehr natürlich, daß bei so äußerlichem Anhalt die
Besonderheit der Tonqualitäten und die Größe ihres Abstandes
ganz verborgen bleiben können.

Ein drittes endlich, und dasjenige, welchem vielleicht die vor=
züglichste und (da es für Musikalische wie Unmusikalische gegeben
ist) sicher die allgemeinste Bedeutung zukommt, ist das einer gewissen
Unruhe in der Erscheinung durch merklichere Schwankungen der
Partialintensitäten und des davon abhängenden qualitativen Durch=
schnittscharakters bei gewissen Doppelklängen im Vergleich mit
anderen. Es bestehen dieselben in (freilich nur ganz indirektem)
Zusammenhang mit der Gleichmäßigkeit oder Ungleichmäßigkeit
sukzessiver Ordnung der Wellenhöhen und Wellentiefen der beiden
erregenden Tonwellenzüge. Es ist daraufhin klar, daß die Gleich=
mäßigkeit bei der Verbindung mit der Quint relativ groß sein
muß, während Verbindungen wie die mit der kleinen Sekund ganz
besonders merkliche Schwankungen zeigen müssen. Dieser Unter=
schied hat nur zeitliche Lokalisation zur Voraussetzung. Daß
auch hier sich mit der Mehrheit noch nicht ohne weiteres die spezi=

fiſchen Differenzen der Tonqualitäten verraten, wird den nicht wundernehmen, der ſich daran erinnert, wie ſich oft in peripheriſchen Teilen der Netzhaut eine Bewegung als ſolche merklich machen kann, ohne daß man anzugeben vermag, in welcher Richtung ſie ſich vollzieht.

Bei dem vierten Falle finden wir einerſeits dieſelben Momente im allerhöchſten Maße der Unterſcheidung der Mehrheit von Tönen ungünſtig. Anderſeits kommt aber noch hinzu, daß die Oktave ganz dieſelben Tonelemente wie der Grundton, wenn auch in anderen quantitativen Verhältniſſen, in ſich vereinigt. Auch hier verweiſen wir auf den folgenden Vortrag über die erſten Elemente der Ton= qualitäten.

Und dieſem können wir auch die Mittel zur Aufklärung des ſechſten Falles entnehmen. Er weiſt nämlich nach, wie von den Tonelementen eines in der Skala ſehr tief oder ſehr hoch ge= legenen Tones dasjenige, welches allein im engeren Sinn Ton iſt, neben ſeinen ungeſättigten Elementen beinahe verſchwindet, und dieſe ſelbſt hier für einander nahe liegende Töne der Skala in faſt gleichem Maß gegeben ſind. Das beſondere Gefühl, welches ſich an dieſe ungeſättigten Elemente knüpft, dominiert darum faſt ausſchließlich. Und ſo kann denn auch weder das einer Diſſonanz noch das einer Konſonanz von Tonelementen im engeren Sinne eigentümliche Weh= oder Wohlgefühl ſich bei einem ſo tief oder ſo hoch gelegenen Mehrklang irgendwie als Kriterium geltend machen. Ja die Töne können um ſo weniger leicht als Mehrheit ſich verraten, als ſie ſogar (ähnlich wie ein extrem verweißlichtes oder verſchwärzlichtes Rot und ein extrem verweißlichtes oder ver= ſchwärzlichtes Blau) leicht miteinander verwechſelt werden können.

Von dieſen drei Fällen unterſcheiden ſich die drei noch übrigen in ſehr beachtenswerter Weiſe dadurch, daß, wenn hier überhaupt die Mehrheit, jedesmal zugleich mit ihr auch die Eigenart der Elemente bemerkt wird. Und ſie ſind es, für welche, meines Dafürhaltens, die Lokaliſation, freilich außer der räumlichen wohl auch die zeitliche, Erklärungsmittel liefern muß.

Räumliche Lokaliſation dürfte vielleicht ausſchließlich zur Er= klärung des fünften Falles angerufen werden, ſofern es wahr iſt, daß tiefe Töne in weiterer Ausbreitung den Hörraum erfüllen als höhere. (Vgl. die vorige Anmerkung.)

Bei den Klangfarben hat oft sicher die zeitliche Lokalisation einen Einfluß, da, wie schon Helmholtz ausführt, der Ton eines Klaviers und der Ton eines Streichinstruments und so auch andere besondere instrumentale Klangfarben durch die Art, wie der Ton in seiner Stärke ansetzt und verläuft, sich unterscheiden. Es scheint aber darum ein Miteinfluß lokaler Verteilung nicht durchwegs auszuschließen.

Und auf ihn werden wir denn auch zur Aufklärung der zwei ersten Fälle uns berufen müssen.

Auch unter den in ihren einzelnen Bestandteilen unmerklichen Gemengen können solche sein, bei welchen die Teilchen räumlich größer, und solche, bei welchen sie räumlich kleiner sind, und es können sich gleich zusammengesetzte auch als Ganze unmerklich kleine Gruppen wiederholen und zu größeren aber doch noch immer im einzelnen unmerklichen Gruppen verbinden. Man hätte dann etwas, was an die engeren Gruppen innerhalb eines aus Molekülen zusammengesetzten, komplizierteren Moleküls erinnern würde. Es könnte dann die Folge sein, daß die Zusammensetzungen aus den gleichen Gruppen sich ebenso oder noch mehr als die Zusammensetzung der einzelnen Gruppen aus den Elementen bemerklich machte. Und solche Gruppen mögen bald aus Haupttönen in Verbindung mit Nebentönen, bald ausschließlich aus Nebentönen für sich bestehen.

Diese Bemerkung im allgemeinen enthebt mich des Eingehens auf jeden einzelnen Fall, da ihre Anwendung darauf keinerlei Schwierigkeiten mehr bietet außer jenen, welche durch den Schleier, der uns das unmerklich Kleine verhüllt, gegeben, der Forschung unbesiegliche Schranken setzen.

Es ist klar, daß der erste Fall mit dem Falle der multiplen Farben, wie z. B. Orange, Weißlichrot, Dunkelblau u. dgl. besondere Verwandtschaft hat. Die Erklärungsprinzipien werden darum hier und dort auch wesentlich dieselben sein müssen. Auch ist es für die Farben klar, daß sich (abgesehen vielleicht von schmutzigen Gemengen aller mit allen, die sich durch besondere Gefühlstöne mehr als durch ein Hervortreten von Farbenqualitäten bemerklich machen) mit der Multiplizität immer zugleich die Art der komponierenden Farben verrät.

In dem Vortrag selbst haben wir darauf aufmerksam gemacht, wie die Erscheinungen beim Wettstreit der Sehfelder besonders ge= eignet sind, uns über die Natur der multiplen Qualität auch im allgemeinen zu belehren. Auch bei der Erklärung der Phänomene der Verschmelzung der Töne wird es gut sein, sich ihrer zu er= innern. Haben wir es doch dort, wo die Erscheinungen sich bald in größeren, bald in kleineren und schließlich unmerklich kleinen Teilen vermengen, aller Wahrscheinlichkeit nach aber auch da, wo die kleinen Flecken unmerklich geworden, noch mit bald kleineren bald größeren, unmerklich kleinen Teilchen zu tun. Wenn das eine Mal die Vermengung eine innigere ist als das andere Mal, so müssen dabei Gesetze walten, und eine genauere Erforschung dieser Gesetze dürfte auch für das Verständnis verschiedener Verschmelzungs= grade bei Tönen Licht gewinnen lassen. Sollte es sich z. B. zeigen, daß gleichmäßig verweißlichte Farben und gleichmäßig verdunkelte besser im Wettstreit miteinander verschmelzen, als eine stark ver= weißlichte mit einer stark verschwärzlichten, so würde dies den Ge= danken nahe legen, auch für die Tatsache, daß gleichmäßig hoch= gelegene und (wie der Vortrag über die ersten Elemente der Tonqualitäten zeigen wird) darum s. z. s. gleichmäßig verweiß= lichte Töne und anderseits gleichmäßig tiefgelegene, also s. z. s. gleichmäßig verschwärzlichte, besser als ein stark verweißlichter und ein stark verschwärzlichter miteinander verschmelzen, in diesem analogen Verhalten einen besonderen Grund zu suchen. Und so eröffnen sich der Forschung hier überhaupt vielleicht nicht un= interessante neue Perspektiven.

Wir haben in der vorigen Anmerkung hervorgehoben, daß eine lokale Differenz von Tonerscheinungen sich ganz besonders beim exklusiven Hören mit dem einen oder andern Ohr bemerklich mache. Halten wir damit die Tatsache zusammen, daß nach der Angabe von Stumpf (Bd. II, S. 138) derselbe Zweiklang sich leichter analysieren läßt, wenn der eine Ton vor dem einen, der andere vor dem andern Ohr erregt wird, so scheint sie die von uns den phänomenalen Ortsverhältnissen zugeschriebene Bedeutung zu illustrieren wohl geeignet.

Außer dem, was ich hier vermutungsweise über besondere Er-
leichterung und Erschwerung gewisser Apperzeptionen durch gröbere
oder feinere Vermengungen der unmerklich kleinen Teile gesagt habe,
darf es aber auch nicht unbeachtet bleiben, daß es noch weitere Bedingungen gibt, welche gewisse sondernde Auffassungen vor anderen
begünstigen. Die Erfahrung des Eindrucks, welchen ein violettes
Kleid, wo es unverschleiert ist, macht, läßt uns den des bläulicheren
Violett, welchen wir, wo es von einem blauen Schleier bedeckt ist,
empfangen, zunächst nicht sowohl in Blau und Rot, als in Blau und
ein zweites nur verhältnismäßig stärker gerötetes Violett zerlegen.
Ähnlich muß denn wohl auch die vorgängige Bekanntschaft mit
dem Charakter der Klangfarbe jedes von zwei zusammenklingenden
Instrumenten und die mit Klangfarben von a und e, wenn dann ä
gehört wird, mit besonderer Leichtigkeit auf Sonderauffassungen der
betreffenden Gruppen führen. Nur wo eine solche vorgängige Erfahrung nicht bestände, wäre man ausschließlich auf die vorher
von uns ausgesprochenen Vermutungen angewiesen. Daß man es
aber auch im anderen Falle durchwegs noch mit Unterscheidungen
zu tun habe, welche ohne ein lokales Nebeneinander unmerklich
kleiner Teile unmöglich wären, scheint nach allem früher von uns
Erörterten gesichert.

Ich habe in dieser Darlegung die Verschmelzung in dem Falle,
welchen Stumpf ausschließlich mit dem Namen bezeichnet, auf Er-
klärungsgründe zurückgeführt, welche auch er irgendwie in Rechnung
gezogen, aber schließlich als ungeeignet verworfen hat. Wer die
Gewissenhaftigkeit dieses Forschers kennt, bezweifelt von vornherein
nicht, daß er dies nicht ohne eingehende Motivierung getan haben
werde. Wir haben, um der Darlegung nichts von ihrer Übersichtlichkeit zu benehmen, zunächst von ihr abgesehen, jetzt aber
halten wir uns doch für verpflichtet, die sich aus ihr ergebenden
Einwände nach Möglichkeit zu entkräften.

1) Stumpf leugnet, daß Schwankungen, die bei dissonierenden, nicht aber ebenso bei konsonierenden Tönen sich merklich
machen, der Anhalt leichterer Unterscheidung werden könnten.

a) Weil Schwankungen der Intensität auch bei der Intermittenz
eines einzigen Tones gegeben seien.

b) Weil er konstatiert haben will, daß die Schwankung ent=
falle, wenn die zwei Töne mit verschiedenen Ohren gehört werden,
während die Unterschiede des Verschmelzungsgrades sich auch dann
fühlbar machen.

c) Weil es nicht angehe, die Eigenheiten der Töne mit Eigen=
heiten der Wellengänge in solchen Zusammenhang zu bringen, da
nicht diese, sondern chemisch=physiologische Vorgänge die nächsten
Erreger seien. Diese aber könnten wir unmöglich ähnlichen
Sukzessionsverhältnissen unterworfen denken.

d) Weil Schwankungen, die mit der Kombinationsweise der
Sinuswellenreihen zusammenhängen, nicht ebenso stattfinden würden,
wenn die Töne auf andere Art, und insbesondere ganz subjektiv
in Phantasie und Halluzination erregt werden, während die Töne
doch auch hier als konsonierend und dissonierend sich unterscheiden.

Wir antworten:

ad a) Zwischen den Schwankungen bei Intermittenzen und
bei dissonierenden Tönen bestehen wesentliche Unterschiede. Dort
schwankt nur die Intensität des Ganzen, nicht aber zwei Teil=
intensitäten und somit bestehen dort nicht ebenso wie hier qualitative
Schwankungen, wie sie z. B. auch bei Farben gegeben wären, wenn
ein Orange bald mehr rötlich, bald mehr gelblich, oder ein Violett
bald mehr rötlich, bald mehr bläulich würde. Dazu kommt, daß
jene Intermittenzen eine Gleichmäßigkeit zeigen, die hier in den
Fällen stärkerer Dissonanz nicht ebenso gegeben ist, und daß bei
den einzelnen Stößen die Gleichheit des wiederkehrenden Tones sich
schon ähnlich merklich macht, wie wenn ein und dieselbe Taste
mehrmals nacheinander angeschlagen wird.

ad b) Es ist unmöglich, daß, wenn mit verschiedenen Ohren
gehört wird, Intensitätsverschiebungen nicht ebenso statthaben. Wer
dies leugnete, müßte ja auch in Abrede stellen, daß das Hören mit
zwei Ohren überhaupt zu einer Verstärkung der Töne führt.

ad c) Hiegegen können wir uns auf den Vergleich mit den
Intermittenzen berufen, deren Phasen sicher mit Phasen des Wellen=
gangs zusammenhangen, unbehindert durch den Umstand, daß der
Wellengang nur das entferntere Antezedens ist. Wir müssen wohl
annehmen, daß die chemischen Prozesse, welche vermitteln, an der=
selben Periodizität teilhaben, was im allgemeinen so wenig un=

denkbar scheint, daß ja manche auf den Gedanken kamen, der Hypo=
these der Ätherwellen selbst die Hypothese von periodisch sich wieder=
holenden chemischen Prozessen zu substituieren.

ad d) Phantasie und Halluzination sind nicht bloß in ihren
Qualitäten, sondern auch in der Art, wie sie sich gesellen, von den
ursprünglichen Sensationen sehr wesentlich beeinflußt. Wie bei
der Reproduktion von Klangfarben (von Instrumenten, Stimmen,
Sprachlauten), wird sich dies auch bei der Reproduktion von Kon=
sonanzen und Dissonanzen geltend machen.

2) Stumpf leugnet auch, daß der Umstand, daß gewisse Töne
gewöhnlich als Nebentöne in beträchtlicher Stärke mitgegeben sind,
dazu beitragen könne, daß sie, im Doppelklang miterscheinend,
ihn weniger leicht in seiner Doppelheit erkennen lassen. Er meint,
dies könnte nur sein, wenn man gewisse Theorien von indissolubler
Assoziation und chemischer Mischung von Assoziationen annähme,
die er mit Recht verwirft.

Allein nicht ebenso verwerflich ist es, wenn einer sich auf die
Tatsache beruft, daß wir bei Fragen nach Einheit oder Vielheit
oft die nach der Einheit oder Vielheit des Zeichens mit der nach
der Einheit oder Vielheit dessen, worauf es deutet, konfundieren,
wie einer z. B. von zwei in gewöhnlicher Lage eine kleine Kugel
gemeinsam berührenden Fingerspitzen meinen kann, nur einen Ein=
druck zu empfangen, nicht aber ebenso, wenn er die Finger gekreuzt
mit ihr in Berührung bringt. Auch das Verkennen gewisser Fälle
gewohnheitsmäßigen Doppeltsehens könnte als Erläuterung dienen.
Auf Grund solcher Erfahrungen begreift es sich vollkommen, warum
wir gewisse Töne, die wir mehr als andere gewöhnt sind, infolge
der Einwirkung eines Erregers zu empfinden, nicht bloß als
Zeichen für einen solchen einheitlichen Erreger, sondern in sich
selbst als Einheit betrachten.

3) Stumpf bestreitet auch, daß die Gefühle einen Anhalt für
die Mehrheit der Töne bei minder konsonierenden Zweiklängen
bilden könnten, einmal weil Unmusikalische diese Gefühle nicht haben
und doch auch die Unterschiede der Verschmelzungsstufen bemerken
lassen. Gewisse Personen, mit denen er Versuche angestellt, hätten
ihm ausdrücklich erklärt, daß sie von einer besonderen Annehmlich=
keit oder Unannehmlichkeit nichts verspürten. Dann, weil er meint,

das Verhältnis müsse das gerade umgekehrte sein; nicht die Gefühle Ursache verschiedener Grade der Verschmelzung, sondern die Verschmelzungsgrade Ursache von Verschiedenheiten der Gefühle.

Was das Erste anlangt, so beweist dies nichts dagegen, daß die Gefühlsunterschiede bei denen, bei welchen sie gegeben sind, also wenigstens bei den Musikalischen einen ganz vorzüglichen Anhaltspunkt bieten können, zumal ja diese sich in Ansehung der Unterscheidung von Dissonanzen und Konsonanzen und Einheit und Vielheit weitaus im Vorteil zeigen. Dies weist ja doch darauf hin, daß sie noch besondere Kriterien besitzen, deren die anderen ermangeln.

Der andere Gedanke aber ist mir kaum verständlich. Die Verschmelzung besteht in nichts als in einer größeren Schwierigkeit, die Mehrheit zu erkennen. Wie sollen ein bloßes Nicht=so=leicht=erkennen=können und anderseits ein Leichter=erkennen=können, also sozusagen eine größere oder geringere Wahrscheinlichkeit des Erkennens zu den wirklichen Gefühlen als Ursache in Beziehung gebracht werden? Gewiß ließe sich dies eher noch vom wirklichen Erkennen im Gegensatz zum Nichterkennen vermuten. Aber auch dann (und ähnlich unter der schon soeben aus anderem Grund zurückgewiesenen Annahme), wie sollte man es glaubhaft finden, daß die Erkenntnis, die bei kleiner Sekund, großer Sekund und anderen ein unangenehmes Gefühl, bei der Quart und großen Terz ein angenehmes Gefühl hervorbringen werde? Abgesehen davon, daß es offenbar ist, daß eine wirkliche Erkenntnis der Mehrheit, insbesondere in den Fällen der erhöhten Annehmlichkeit, oft ganz und gar unterbleibt. Es scheint, daß es Stumpf hier begegnete, den Verschmelzungsgrad mit der von ihm hypothetisch statuierten physiologischen Bedingung des Verschmelzungsgrades zu identifizieren. Aber diese physiologische Bedingung einmal als wirklich angenommen, warum sollte sie nicht zunächst die Gefühle hervorrufen und dann erst sekundär den Anhalt zu jener Erkenntnis der Mehrheit liefern können? Jedenfalls sehen wir infolge der Übung, die ja doch auch zu einer bleibenden physiologischen Disposition geführt haben wird, zwar auch die Erkennbarkeit als Mehrheit gesteigert, aber doch die eigentümlichen Gefühle für Konsonanz und Dissonanz darum nicht alteriert.

Erwägen wir noch etwas genauer, worum es sich handelt. Es soll etwas angegeben werden, was in gewissen Fällen im Unterschied von anderen uns zur Erkenntnis der Mehrheit von Tönen in dem gegebenen Zweiklang führt, ohne daß vielleicht dabei die besondere Qualität jedes Tones sich verrät. Von vornherein erscheint etwas derartiges in mehrfacher Weise denkbar:

a) wenn die Erfahrung indirekte Anhaltspunkte liefert, welche nur eben hinreichen, etwas als in sich verschieden zu kennzeichnen, ohne uns doch über das Maß der Verschiedenheit und über die verschiedenen spezifischen Differenzen des sich Unterscheidenden zu belehren. Es ist, wie einer bemerken mag, daß zwei Menschen uneinig sind, ohne zu wissen, was eigentlich jeder von ihnen denkt und fühlt.

b) Es kann bei direkter Wahrnehmung des Verschiedenen die Apperzeption so flüchtig oder sonst so unvollkommen sein, daß man daraufhin nicht mehr als das ganz Allgemeine, daß irgendwelcher Unterschied bemerkt wurde, aber nicht, worin er bestanden hat, angeben kann. Dies letztere wird variieren teils mit einer gesteigerten Fähigkeit zu bemerken, teils mit einer Steigerung der Differenzen des zu Bemerkenden in irgendwelcher Beziehung.

Stumpf scheint nun unseren Fall als einen Fall direkten Bemerkens zu fassen und zwar als einen solchen, wo die Differenzen der Gabe für Apperzeption für die Gradunterschiede der Merklichkeit allein maßgebend sind; ja dies in der Art, daß selbst bei größerer Differenz zwischen den als Mehrheit zu bemerkenden die Leichtigkeit des Bemerkens oft ungleich geringer ist, als bei kleinerer, wie dies z. B. beim Hinzukommen einer Quint im Vergleich mit dem Fall, wo die betreffende kleine Sekund hinzukommt, gegeben wäre. Gewiß ist dies eine sehr erstaunliche Hypothese und ohne jede Analogie auf anderen Sinnesgebieten. Es kommt z. B. nicht vor, daß bei Weberschen Zirkelversuchen, wenn die eine Spitze denselben, die andere einen in gleicher Richtung entfernteren Punkt berührt, derselbe Beobachter eine größere Versuchung fühlt, an eine Einheit zu glauben, oder auch, daß bei derselben Entfernung eine Vielheit sich verbirgt, wenn zugleich die eine Zirkelspitze warm, die andere kalt ist. Somit sieht man vielmehr sich hier von vornherein auf die entgegengesetzte Annahme als die ungleich wahrscheinlichere verwiesen; soweit es sich um direktes Bemerken einer Mehrheit handelt, wird irgendwelche größere Differenz, als in der Erscheinung gegeben, vermutet werden müssen. Und liegt eine solche nicht in größeren Abständen der Qualitäten der beiden Komponenten, so muß sie in etwas anderem liegen und als solches wird sich vor allem die Variation der Intensität bei mannigfacher qualitativer Verschiedenheit des Gesamtklangs in seinen sukzessiven Phasen geltend machen lassen. Von einer Differenzierung des Apperzeptions= oder besser richtigen Deutungsvermögens, welche von der Größe solcher Differenzen unabhängig ist, könnte nur etwa in dem Sinne jener von Stumpf verworfenen Verführung zur Konfusion von Einheit oder Mehrheit des Zeichens mit Ein= heit oder Mehrheit des Bezeichneten gesprochen werden. Und dazu kommt dann auch noch, wie gesagt, der Einfluß der Gefühls= unterschiede als indirekter Anhaltspunkte.

(S. 65). Den Irrtum, gegen welchen sich vor einem Dezennium diese kurzen Worte richteten, sehen wir noch immer da oder dort auftauchen. Unter anderen hat William James ihn sich eigen gemacht, und auf dem Internationalen Kongreß für Psychologie, Rom 1905, in längerer Rede zu begründen versucht. Weil mir, wenn ich in einen Saal blicke, zugleich mit dem Saal auch mein Sehen erscheint; weil ferner Phantasiebilder von sinnlichen Gegen= ständen sich von objektiv erregten Sinnesbildern derselben nur graduell unterscheiden; weil endlich Körper von uns schön genannt werden, der Unterschied von Schön und Häßlich aber zu dem Unterschied von Gemütsbewegungen in Beziehung steht: so sollen psychisches und physisches Phänomen nicht mehr als zwei Klassen von Erscheinungen gelten.

Es ist mir schwer verständlich, wie sich dem Redner selbst die Schwäche dieser Argumente nicht fühlbar gemacht hat. Zugleich erscheinen heißt nicht als dasselbe erscheinen, wie zugleich sein nicht soviel ist als dasselbe sein. Und darum konnte Descartes ohne Widerspruch empfehlen, zunächst wenigstens zu leugnen, daß der Saal, den ich sehe, sei, und nur daran, daß das Sehen des Saales sei, als an etwas Unzweifelhaftem festzuhalten. Ist aber das erste Argument hinfällig, dann offenbar auch das zweite; denn was verschlüge es, wenn ein Phantasieren von einem Sehen sich nur durch den Intensitätsgrad unterschiede, da, selbst wenn auch dieser ausgeglichen wäre, die volle Gleichheit des Phantasierens mit dem Sehen nach dem eben Gesagten nur die Gleichheit mit einem pfychischen Phänomen bedeuten würde? Im dritten Argument wird von Schönheit gesprochen. Der Ausdruck ist äquivok und in dem Sinne, in welchem die alten Griechen das καλόν dem ἡδύ gegenüberstellten, wo nur edle Betätigung der Weisheit, Gerechtigkeit und anderer Tugenden dem ersteren Begriff subsumiert wurden, auf eine physische Erscheinung durchaus nicht anwendbar. James, wie ja auch Tolstoi in seiner Schrift „Was ist Kunst", scheint den Namen Schön hier in dem Sinn von etwas, an dessen sinnliche Erscheinung ein besonderes Wohlgefallen geknüpft ist, zu gebrauchen. Es ist nun aber gewiß eine seltsame Logik, welche daraus, daß dieses Wohlgefallen etwas Psychisches ist, schließen will, daß auch das, an dessen Erscheinung es geknüpft ist, etwas Psychisches sein müsse. Wäre dies richtig, so wäre auch jedes Mißfallen identisch mit dem, woran einer ein Mißfallen hat, und man müßte sich wohl hüten, einen begangenen Fehltritt zu bereuen, da in dieser mit ihm identischen Reue der Fehltritt selbst sich wiederholen würde.

Bei solcher Lage der Dinge dürfte es denn doch nicht wohl zu fürchten sein, daß die Autorität von James, der sich leider unter den deutschen Psychologen die eines Mach gesellt, viele dazu verleiten werde, die augenfälligsten Unterschiede zu verkennen. Aristoteles berichtet uns von einer Lehre des Empedokles, welche ebenfalls Psychisches und Physisches konfundierte:

γαίῃ μὲν γὰρ γαῖαν ὀπώπαμεν, ὕδατι δ'ὕδωρ, κ. τ. λ.

Es wird ihm leicht zu zeigen, wie diese Lehre außerstande ist, auch nur den allbekannten Gegensätzen von Anerkennung und Verwerfung, und von Wahr und Falsch Rechnung zu tragen. Und doch, soweit ein Unterschied besteht, scheint der primitive altgriechische Denker unseren Modernen gegenüber noch etwas im Vorteil.

6 (S. 71). In Wahrheit gerät man, wenn man vom Standpunkt der alten Auffassung die Intensität aus mehreren einander gleichen Teilen zusammengesetzt denkt, ins Absurde. Denn, um mehrere zu sein, müßten die Teilintensitäten (da das Leibnizsche principium indiscernibilium wie auf Ganze auch auf Teile Anwendung hat) durch irgendetwas voneinander verschieden sein. Durch was sie aber verschieden sein sollten, ist unerfindlich. Sie könnten

nicht generisch verschieden sein, denn das würde die Gleichheit aus=
schließen; sie könnten nicht spezifisch verschieden sein, denn das würde
sie (als konträr) unvereinbar machen; sie müßten also individuell ver=
schieden sein, ohne in irgendeiner Rücksicht einer generischen oder
spezifischen Differenz zu unterliegen, was schlechterdings unmöglich
ist. Daß diese Absurdität von niemand bemerkt und gerügt worden
ist, zeugt mehr als alles andere für die Unklarheit, die hier herrschte.
Meinong hat gegen diese Argumentation geltend gemacht, daß es
zweierlei Arten von Größen gebe, solche, bei welchen die Größen
aus Teilen beständen, wie Zahl, räumliche oder zeitliche Aus=
dehnung u. dgl., und solche, wo dies nicht der Fall sei, wie Ab=
stand, Geschwindigkeit usw.

Er verkennt, daß es sich hier nicht um zwei Arten von
Größen, sondern um eine Äquivokation des Namens „Größe“
handelt, ähnlich wie bei dem Namen „froh“, wenn er auf ein
frohes Herz und ein frohes Ereignis angewandt wird, und wieder,
daß man auch bei den „Größen“ im uneigentlichen Sinne freilich
in ebenso uneigentlichem Sinn mit Beziehung auf die Teile einer
Größe im eigentlichen Sinne noch immer von Teilen sprechen
kann. Beim räumlichen Abstand tun wir dies mit Beziehung auf
die Teile der zwischen den abstehenden Raumpunkten denkbaren
Geraden, und beim zeitlichen Abstand mit Beziehung auf die Teile
der zwischen zwei Momenten verfließenden Zeit, bei der Ge=
schwindigkeit mit Beziehung auf die Teile der Räume, die in
gleichen Zeiten durchlaufen werden usw. Wenn nun Meinong die
Intensität zu der zweiten Klasse der Größen gerechnet wissen will,
so müssen wir ihn nach der Größe im eigentlichen Sinne fragen, zu
deren Teilen das „Mehr“ und „Minder“, das „Halb“ und „Doppelt“
und „Dreifach“, wenn wir es von einer Intensität im Vergleich
mit einer anderen aussagen, in Beziehung zu bringen wäre. Je
mehr einer danach sucht, um so mehr dürfte er sich von der
Richtigkeit meiner hier gemachten Bemerkung überzeugen. Wie
bei der Größe der Dichtigkeit eines wirklichen Körpers ist auch bei
der Größe der Intensität eines Sinnesphänomens auf Raumgrößen
(hier natürlich phänomenale Raumgrößen) Bezug zu nehmen.

Von der psychologischen Analyse der Tonqualitäten in ihre eigentlich ersten Elemente.

Vortrag,

verfaßt für den Internationalen Psychologenkongreß in Rom
am 27. April 1905.

1. Die Mehrklänge finden wir aus Einzelklängen, diese mit ihren Klangfarben aus Haupt- und Partialtönen zusammengesetzt, deren jeder irgendwo im Bereich der Skala liegt, und auch die Geräusche sucht man als Zusammensetzungen aus ihnen zu begreifen. Sind wir nun hier bei den eigentlich ersten qualitativen Tonelementen angelangt? — Es erscheint dies keineswegs ohne weiteres gesichert; könnten doch mehrere Tonelemente so innig wie die Grundfarbe Rot und die Grundfarbe Gelb im Orange verbunden sein.

2. Gemeiniglich glaubt man, daß die Töne der Skala wie in gerader Linie aufsteigen. Um nur zwei der am meisten anerkannten Forscher der Gegenwart zu nennen, halten auch Stumpf und Mach gemeinsam daran fest.

Doch hierin einig, unterscheiden sie sich, insofern Stumpf jeden Ton der Skala für ein einfaches Tonelement hält, während Mach glaubt, daß alle qualitativ zusammengesetzt seien, und zwar alle aus denselben zwei Elementen, von denen er das eine als „Dumpf", das andere als „Hell" bezeichnet. Und nur Machs Ansicht erweist sich als mit der Einheitlichkeit der Richtung der Skala verträglich[1].

3. Aber gegenüber dem Einwand von Stumpf, daß nach ihr jeder Mehrklang zu einem Einklang von mittlerer Höhe werden müßte, erscheint sie, wenigstens was die Fälle vollkommener Verschmelzung anlangt, ohne genügende Verteidigung[2].

Auch wären wir, was den Tonsinn betrifft, einem vollkommenen Farbenblinden vergleichbar. Denn das Dumpf wäre dem Schwarz, das Hell dem Weiß, und jeder Ton der Skala einer Nuance des Grau analog. Aber niemand wird zugeben, daß in einer Beethovenschen Symphonie nur Grau in Grau gemalt werde. Mach selbst fühlt die Wucht dieses Arguments und sucht, aber vergeblich, nach einem Mittel, sich seiner zu er= wehren[3].

4. Unser Tonsinn ist so weit entfernt, nur Analoga von Schwarz und Weiß zu zeigen, wie das System des vollkommen Farbenblinden, daß vielmehr gegenüber einem Farbensinn, dessen gesättigte[4] Elemente so mannigfach wären als die unseres Ge= hörs, wir alle als mehr denn zwanzigfach, ja vielhundertfach farbenblind erscheinen würden.

Dieselben gesättigten Elemente kehren in jeder Oktave wieder. In den mittleren erscheinen sie relativ rein, in den tieferen und höheren dagegen mehr und mehr mit einem von jenen zwei ungesättigten Elementen gemischt, die wir wirklich mit Mach anzunehmen haben, und von denen das eine dem Schwarz, das andere dem Weiß vergleichbar ist. Ein c in mittlerer Lage unterscheidet sich von einem tiefen und hohen c annähernd wie reines gesättigtes Blau sich von Dunkelblau und Hellblau unterscheidet, von welchen ja jenes durch Schwarz ver= finstert, also verschwärzlicht, dieses durch Weiß aufgehellt, also verweißlicht ist.

Die von altersher auffallende, auch bei der Benennung berücksichtigte, aber rätselhafte Verwandtschaft der Oktaven er= scheint auf diese Weise erklärt. Die Analogien auch in den fernabliegendsten werden begreiflich. Zugleich erkennen wir den Grund, weshalb sie nach unten wie oben immer kürzer werden und trotzdem jene Analogien zu wahren vermögen. Auch

zwischen einem zu Braun abgedunkeltem Rot und einem ent=
sprechend schwärzlichen Blau und zwischen einem verweißlichten
Rosa und einem entsprechend verweißlichten Blau kann man ja
nicht so viele Zwischenstufen, wie zwischen reinem, frischem Rot
und reinem, gesättigtem Blau unterscheiden. Auch machen
jedem Unbefangenen die Töne mittlerer Lage, verglichen mit
denen der tiefsten und höchsten, den Eindruck von stärkerem
Ausgesprochensein einer besonderen spezifischen Qualität, während
sie dort in der Gleichartigkeit eines dumpfen Getöses untergeht,
hier wie verblichen ist. Es wird nunmehr verständlich, warum
selbst Musiker bei der Beurteilung der relativen Tonhöhe von
Klängen, deren einer durch eine energische helle Klangfarbe aus=
gezeichnet ist, sich leicht um eine, ja zwei Oktaven irren, warum
Kinder das Lied der Männerstimme in der Oktave nachsingen,
der Transposition nicht einmal bewußt, ja warum, wie man
kaum bezweifeln wird, einigermaßen ähnliches bei Singvögeln,
die ein Stückchen nachpfeifen, geschehen kann. Wiederum erklärt
sich, warum eine Folge von Akkorden wie c g, g c¹, c¹ g¹, g¹ c²
sich in ihren Gliedern ähnlicher scheint als eine Folge wie c g,
g d¹, d¹ a¹, a¹ e², obwohl die letzte aus lauter Quinten besteht,
die erste zwischen Quinten und Quarten wechselt, ja warum es
vorkommt, daß die Akkorde c h und h¹ c² für einander ähnlicher
erklärt werden, als die Akkorde c h und h b¹, also eine Septime
und eine Sekund für einander ähnlicher als zwei Septimen,
welche letztere sogar noch einen Ton gemeinsam haben. Und
ebenso begreifen wir, daß, wenn man einem Akkord wie c c²
den Ton der mittleren Oktave c¹ bald einfügt, bald ihn wieder
wegläßt, die Mehrzahl der minder geübten Hörer gar keinen
Unterschied bemerkt, was bei dem Hinzukommen der Quint g¹
auch für den, dem sie vollkommen verschmilzt, nicht der Fall ist,
und beim Hinzukommen eines Haupttons von ganz neuer, um
sechs ganze Töne abstehender Qualität auch gewiß nicht der

Fall sein könnte. Verwandt damit aber ist die Erfahrung, die ich, wie nach seinem Bericht Stumpf selbst, wiederholt gemacht habe, daß von den Obertönen die Oktave, obwohl diese der stärkere ist, seltener und schwerer als der der nächsthöheren Quint herausgehört wird. Endlich stimmt es auch vollkommen, wenn in den emotionellen Mitempfindungen, den Lust- und Unlustgefühlen, welche die Harmonien und Disharmonien begleiten, in der Höhe wie Tiefe eine starke Abnahme sich zeigt, während zugleich ein allen tiefen einerseits und allen hohen anderseits gemeinsames Gefühl sich eindrängt.

Wenn Newton die Farben der Strahlen, in die er das Sonnenlicht zerlegt hat, mit den sieben Tonstufen[5] in einer Oktave in Parallele zu setzen versuchte, so hat ihn dabei sicher nicht eine ebensolche klargeschiebene Siebenfältigkeit der Farbenqualität, noch auch ein stetes Hellerwerden des Spektrums von der einen nach der anderen Seite hin (die ja beide nicht gegeben sind), sondern nur der Umstand bestimmt, daß, wie der Anfang seines Spektrums entschieden rötlich war, auch dessen Ende im Violett sich wieder dem Rot näherte. Auch er gibt also durch seinen Versuch dem Eindruck der Ähnlichkeit von Grundton und Oktave Zeugnis. Und dies um so unzweifelhafter, als die Undulation des Lichts und die Annäherung der Wellen an die doppelte Geschwindigkeit, ihm noch unbekannt, nicht maßgebend werden konnten. Für uns aber, die wir sie nun kennen, ist die Analogie des Auftretens des gleichen gesättigten qualitativen Elements bei Schall- wie Lichtwellen bei der Verdoppelung etwas gar wohl Beachtenswertes.

5. Es zeugt dafür, daß, obwohl das Schwarz des Gesichtssinns nicht direkt objektiven Ursprungs ist, wie das Tonschwarz, das wir in Analogie zu ihm annehmen, doch auch in der Erregung der Qualitäten durch die Wellen wesentliche Analogien bestehen.

Dies wird uns für die Frage nach der Natur der Geräusche wichtig. Sie erscheinen in allen Tonhöhen. Sind die tiefsten unter ihnen, die dumpf erbrausenden, dem Schwarz vergleichbar und das höchste Gezisch und Gekreisch entschieden fast Tonweiß, so erscheinen die Geräusche von mittlerer Höhe vielmehr einem Grau als einem gesättigten Ton mittlerer Lage ähnlich.

Vom Grau glaubte man einst, daß es aus allen Farben zusammengesetzt sei; jetzt sieht man ein, daß es aus Schwarz und Weiß besteht. Man schreibt jedem einfachen Strahl außer der Tendenz, eine gewisse Spektralfarbe zu erzeugen, auch eine Tendenz Weiß zu erzeugen zu. Und diese tritt, wie beim vollkommenen Farbenblinden immer, beim Normalsehenden unter gewissen Umständen hervor. Man bestimmte diese als Fälle, worin Strahlen, deren Haupttendenz auf antagonistische Farben gehe, zusammen wirkten und sich gegenseitig in dieser hemmten. Blau und Gelb und Rot und Grün sollten die antagonistischen Farbenpaare sein.

Es war diese neue Auffassung der Tatsachen, die wir einem um die physiologische Optik eminent verdienten Forscher danken, ein großer Fortschritt. Allein vollendet richtig war auch sie nicht. Und mir selbst ist es, glaube ich, gelungen, nachzuweisen, daß Grün keine einfache Farbe ist, ja daß dieselben Experimente, auf Grund deren man den Antagonismus von Blau und Gelb erwiesen zu haben glaubte, wenn man den Gesetzen der Modifikation der Farben bei Herabsetzung des Lichtes Rechnung trägt, den Beweis für Grün als Zusammensetzung von Blau und Gelb liefern[6]. Es gibt also nur drei gesättigte Farbenelemente und zwischen ihnen findet sich bei dem Normalsehenden nirgends zwischen einem und einem einzeln genommen ein Antagonismus. Die Wahrheit ist vielmehr, daß nur die Verschmelzung aller drei gesättigten Elemente ganz oder wenigstens nahezu unmöglich ist, und daß darum, wenn alle drei zugleich an derselben Stelle des Gesichtsfeldes durch verschiedene Strahlen angeregt werden, ihre Erscheinung gehemmt wird und die Tendenz dieser Strahlen zur Erzeugung von Weiß, bezw. von Grau das Übergewicht gewinnt. Daher ist bei Normalsehenden die Gegenfarbe von Gelb nicht Blau, sondern Violett, die von Blau nicht Gelb, sondern Orange, die von Rot aber zwar tat=sächlich Grün, aber nur darum, weil dieses aus Blau und Gelb zusammengesetzt ist.

Ist jemand für eine der drei Farben blind, so gilt das Gesetz, daß wir die Gesamtheit der uns möglichen gesättigten Farbenelemente nicht oder nur sehr abgedämpft zur Ver=schmelzung bringen können, auch noch für ihn. Und da nun für den Rotblinden das Gelb und Blau diese Gesamtheit bilden, so kann er wie kein Rot auch kein Grün sehen, sondern es tritt statt dessen das Weiß oder Grau siegreich hervor. Und wieder kann einer, wenn er blaublind ist, kein Orange sehen, obwohl er Rot wie Gelb zu sehen fähig ist, und wenn er gelbblind ist, kein Violett, obwohl ihm die Fähigkeit weder zum Rot= noch zum Blausehen mangelt. Immer erscheint statt dessen Weiß oder Grau. Nicht also weil im Sonnenlicht Strahlen für antagonistische Farbenpaare, sondern weil darin Strahlen, die auf jede der drei gesättigten Farben hinwirken, in bestimmtem Verhältnis vertreten sind, gewinnt die Tendenz zum Weiß das entschiedene Übergewicht.

Liegt es nicht nahe, das Entstehen der Geräusche von mittlerer Höhe, dieser so wohl charakterisierten Beispiele von Tongrau, ähnlich zu begreifen? In der Tat stimmen damit unsere Erfahrungen aufs beste. Wenn Schallwellen, welche ein=fach für sich einen Ton der mittleren Oktave ergeben, mit solchen, die für sich andere Töne dieser Oktave erregen, zusammenwirken, so zwar, daß für keinen der Übergänge eine gleich kräftige Reizung fehlt, so hören wir keinen mehr von ihnen, wohl aber statt ihrer ein Geräusch von mittlerer Höhe. Und so dürfen wir denn vielleicht schließen, daß tatsächlich jenes analoge Gesetz, das wir vermuteten, auf dem Gebiet des Tonsinns gegeben sei.

6. Wir ersehen aber daraus zugleich, daß nicht bloß bei den langsamsten und geschwindesten Schallwellen, sondern auch bei denen von mittlerer Geschwindigkeit eine gewisse Tendenz ungesättigte Qualitäten aufzurufen besteht. Und es mag sein, daß dieselbe sich einigermaßen sogar immer geltend macht, und daß darum die Töne der Skala auch in mittlerer Lage in dem Unterschied ihrer gesättigten Qualitäten nicht so kräftig auseinandertreten, als die elementaren gesättigten Farben des Gesichtssinns. Auch würde ohne jede abdunkelnde oder aufhellende Einmengung in ihrem Verlauf eine Oktave am Ende einfach zu ihrem Ausgangspunkt zurückkehren[7]. Fanden wir unseren Gesichtssinn im Vergleich mit dem Gehör, wegen der geringen Zahl der elementaren Qualitäten, gleichsam vielfach farbenblind, so würde er, wenn er in denen, über die er verfügt, nicht gesättigter wäre, als es der Tonsinn in allen seinen elementaren gesättigten Qualitäten ist, als farbenschwach erscheinen.

7. Sind die Geräusche von mittlerer Höhe nicht aus den gesättigten Tonelementen der Skala zusammengesetzt[8], so haben wir doch nach dem Gesagten um ihretwillen keine neuen besonderen Tonelemente anzunehmen. Ihre Gesamtheit besteht außer aus den beiden ungesättigten Elementen, die ähnlich wie Schwarz und Weiß auf dem Gebiet der Farben am weitesten auseinanderliegen, aus einer Vielheit von Elementen mittlerer spezifischer Helligkeit[9], welche unseren gesättigten Farbenelementen analog sind und innerhalb der Skala in jeder Oktave eine Stelle haben.

8. Sie können nicht weniger, ja sie müssen wohl beträchtlich mehr sein als die vierundzwanzig Tonstufen, welche unter Be-

rückſichtigung der Vierteltöne die griechiſche Muſik in der Oktave
unterſchied. Die große Unterſchiedsempfindlichkeit in gewiſſen
Oktaven könnte ihrer ſogar über 1200 vermuten laſſen. Die
Größen ihrer Abſtände ſind nicht bloß von der des Abſtandes
zwiſchen den beiden ungeſättigten, ſondern auch voneinander
ſehr verſchieden. Die der in der Skala bei allmählichem Über=
gang von Ton zu Ton ſich unmittelbar folgenden ſind für uns
unmerklich klein. Am größten wohl die von Tonqualitäten, die
ſich hinſichtlich ihrer Lage in der Oktave wie c und fis oder dis
und a verhalten. Eine graphiſche Darſtellung ihrer wechſel=
ſeitigen Lage durch Punkte einer Linie iſt nicht[10] in unſerem
eben gedachten Raume[11], ſondern wäre nur in einem ebenen
Topoid möglich, deſſen Dimenſionenzahl der Zahl der Ton=
elemente nur um eine Einheit nachſtände[12]. Nähme man nur
auf die geſättigten Qualitäten Rückſicht, ſo erſchiene die Lage
der die einfachen Elemente repräſentierenden Punkte jener der
Scheitelpunkte eines in gewiſſer Weiſe regelmäßigen Polygons
vergleichbar. Es wäre dies aber kein ebenes Polygon, vielmehr
würde ſich ſeine Grenze
zu der eines regelmäßi=
gen ebenen Polygons
von gleicher Zahl der
Seiten ſo wie zu der
Grenze eines Quadrats,
deſſen Seite fünf Schuh
lang iſt, eine vierfach
unter gleichem Winkel
in gleiche Teile ge=
brochene und in ſich

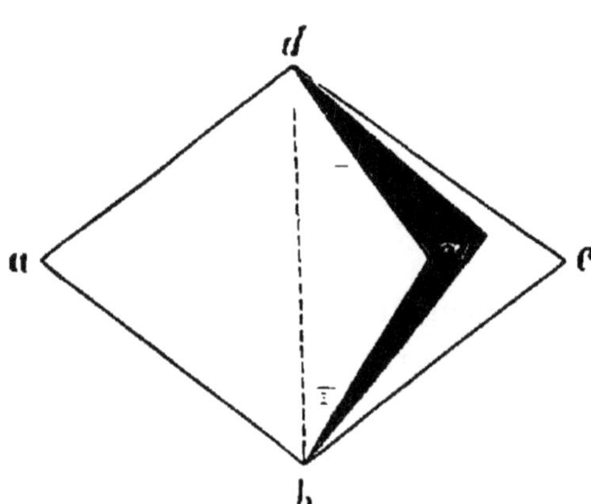

zurücklaufende Linie verhalten, zu der man gelangt, wenn man
bei einem Rhombus a b c d, deſſen kleinere Diagonale b d
ſechs und deſſen größere a c acht Schuh lang iſt, von den

beiden Dreiecken, in welche er durch b d zerlegt wird, das eine so lange um b d als Achse bewegt, bis die Entfernung von a und c in c¹ der von b und d gleich ist[13].

9. Wie das Schwarz, wenn es, den anderen Farben ver= schmolzen, sie verfinstert, ihnen allen etwas von dem ihm eigenen düsteren Gefühlston leiht, und wie das Weiß, wenn es, anderen Farben verschmolzen, sie aufhellt, ihnen im Gefühl gleichmäßig eine gewisse Zartheit gibt, so finden wir Ähnliches bei der Verschmelzung von Tonschwarz und Tonweiß mit anderen Qualitäten[14].

Die Einmischung desselben ungesättigten Elements wirkt also für alle Qualitäten auf den Gefühlston in gleichem Sinn. Bei der Einmengung von gesättigter Qualität in eine andere gesättigte ist das Gegenteil der Fall. So wie dasselbe Rot mit Blau verwebt es zum wehmütigen Violett[15], mit Gelb verwebt es zum freudigen feurigen Orange macht, und dasselbe Blau, das mit dem Rot verbunden, wie eben gesagt, zu einem weh= mütigen Farbenton führt, mit dem Gelb vereinigt, das freund= liche Grün erzeugt, sehen wir auch, daß dasselbe es, das mit c verschmolzen einen wehmütigen Mollakkord, mit g verschmelzend die freudige große Terz ergibt; und wiederum daß dasselbe c, das wie eben gesagt mit es die wehmütige kleine Terz bildet, mit g verbunden in der Quint zu dem sanftesten aller Zwei= klänge führt.

Nicht in dem Sehen und Hören selbst sind Empfindungen von emotionellem Charakter gegeben, wohl aber in Mit= empfindungen, die sie in normalen Fällen regelmäßig begleiten. Für alle isoliert gegebenen kleinen Terzen, großen Terzen und Quinten ist ein gewisser Gefühlscharakter gemeinsam. Und wenn derselbe auch auf dem Farbengebiete, nämlich bei den Doppel= farben Violett, Orange und Grün wiederkehrt (ähnlich wie der düstere Eindruck der tiefen Töne im Schwarz und der den sehr hohen Tönen eigene im Weiß), so dürfte dies darauf deuten, daß die relative Lage der Farbenelemente in Violett, Orange und Grün in der Tat denen zweier Tonelemente in der kleinen Terz, großen Terz und Quint analog ist.

10. So finden wir denn, was die Qualitäten und die an sie sich knüpfenden Gefühle anlangt, bei Gesicht und Gehör wieder und wieder Analogien, obwohl mit großen Unterschieden gepaart. Und dieser Verein von Ähnlichkeit und Unähnlichkeit, von Übereinstimmung und Gegensatz ist, was dem Vergleich der beiden Sinne in diesem wie in anderen Stücken einen eigentümlichen ästhetischen Reiz gibt.

Gesicht und Gehör zeigen uns, wie alle Sinne überhaupt, die Erscheinungen räumlich und zeitlich individualisiert. Bei dem Gesicht ist aber die Lokalisation, im Zentrum des Gesichtsfeldes wenigstens, die vorzüglichste, bei dem Gehör schlechter als an der äußersten Grenze des Gesichtsfeldes. Daher die mehr-minder vollkommene Konfusion gleichzeitig erscheinender Töne[16]. Dagegen ist das Gehör, was die sozusagen zeitliche Lokalisation anlangt, dem Gesicht bei weitem überlegen. Hier entwickelt sich der Eindruck relativ langsam und leidet infolge der positiven und negativen Nachbilder durch Verschwommenheit. Das Gehör ist daher auch imstande, eine viel rapidere Folge der Eindrücke distinkt zu erfassen. Und so kann, wie Helmholtz uns dargetan, ein guter Teil der Verschiedenheit der Klangfarbe auf die Art des Ansetzens und Abklingens der Töne verschiedener Instrumente zurückgeführt werden. Trotzdem bleibt die Fähigkeit, ein Nacheinander zu erfassen, auch wie sie ist, dem Gesicht wertvoll, und die Eigentümlichkeit der Nachbilder führt zu eigentümlichen Schönheiten. Und umgekehrt dient das Lokalisationsvermögen des Ohres zur Ermöglichung der Unterscheidung gleichzeitiger engerer Gruppierungen von Tönen, und an die bald mehr, bald minder vollkommene konfuse Verschmelzung des Tonganzen knüpfen sich besondere Genüsse.

Beiden Sinnen dient ein doppeltes äußeres Organ und die durch das eine und andere aufgenommenen Eindrücke decken sich nicht vollständig, wirken aber, sich unterstützend und teilweise ergänzend, zusammen. Doch während dies beim Gesicht ein Hinzutreten ganz neuer unterscheidbarer Räume bedeutet, läßt die schlechte Lokalisation des Gehöres auch die jedem Ohr eigentümlichen Teile sich noch einigermaßen mit denen des anderen konfundieren und verschmelzen.

Jeder der beiden Sinne zeigt zwei extreme Qualitäten, von denen die eine das Extrem der Dunkelheit, die andere das der Helligkeit ist, und eine Regelmäßigkeit in bezug auf Abdunkelung und Aufhellung durch diese beiden. Aber während bei dem Gesichtssinn diese an eine Steigerung und Abnahme der äußeren Reize sich knüpft, sehen wir sie bei dem Gehör die Zunahme und Abnahme der Geschwindigkeit der Wellen begleiten.

Hieran knüpft sich der wichtige Unterschied, daß nur beim Gehör totale Pausen und nur bei ihm ein Steigen und Abnehmen der Totalintensität möglich ist, während es beim Gesicht nur zu relativen Pausen und zu Steigerung und Abnahme von Partialintensitäten kommen kann, wie wenn z. B. das Rot gänzlich fehlt, oder der Stich ins Rote bald zu=, bald abnimmt. Denn, wo andere Farben schwinden, tritt Schwarz an die Stelle und füllt die Lücke aus. Die Regelmäßigkeit der Aufhellung und Verdunkelung durch die ungesättigten Extreme ist beim Gehör eine größere. Dafür hat die des Gesichts eine mannigfaltigere Nuancierung. Jede Tonqualität tritt nur in gewissen, durch die Oktaven abgemessenen Distanzen, jede Farbe in jedem beliebigen Maß der Abdunkelung und Aufhellung auf.

Außer den zwei ungesättigten qualitativen Elementen zeigen

die beiden höheren Sinne auch gesättigte. Aber der Gesichtssinn nur drei, die sehr merklich voneinander abstehen, das Gehör eine große Menge, vielleicht mehr als tausend, aber von diesen die nächsten in unmerklich kleinen Differenzen. Dafür erscheinen die des Gesichtssinnes viel kräftiger entwickelt, die; des Gehörsinnes relativ schwach.

Und daran knüpft sich ein entsprechender Unterschied für die sie begleitenden emotionellen Erregungen, die nicht in dem Sehen und Hören selbst, sondern in Mitempfindungen gegeben sind[17]. Die an die einzelnen gesättigten Elemente geknüpften sind bei dem Gesicht viel kräftiger und auch die an die drei binären Verbindungen des Blau-Rot, Rot-Gelb und Blau-Gelb geknüpften, lebhafter als die, welche den drei entsprechenden binären Tonverbindungen der kleinen und großen Terz und der Quint sich gesellen. Dafür erwächst dem Hörsinn eine unvergleichlich größere Gefühlsgewalt, einmal durch das Hinzukommen von binären Kompositionen von Tönen, die in anderer relativer Lage und zum Teil sehr peinlich sind, dann durch den Reichtum und die Fülle der zu einem Akkord sich vereinigenden Töne, endlich durch die Wiederkehr derselben relativen Tonlage, die nicht bloß eine Transposition in andere Oktaven (wozu beim Gesicht ein Analogon sich finden ließe), sondern auch in andere Tonarten gestattet.

Aus alledem erklärt es sich, warum die mit dem Material des einen und anderen Sinnes aufgebauten Kunstwerke bei mancherlei Analogien doch einen so auffallend verschiedenen Charakter tragen.

———

Anmerkungen.

1 (S. 101). Stumpf selbst gibt zu, daß Rot nicht so zwischen Blau und Gelb, wie Orange zwischen Rot und Gelb liegt. Er erkennt aber nicht, daß man im letzteren Fall nur darum mit soviel größerer Korrektheit von einem „zwischen" sprechen kann, weil Orange ein Rot=Gelb ist und, ähnlich einer Legierung von Silber und Gold, als eine Verschmelzung der beiden es komponierenden Elemente bezeichnet werden kann.

Wollte man sagen, daß Orange, obwohl eine einfache Farbe wie Rot und Gelb, nur wegen gleichzeitiger besonderer Ähnlichkeit mit beiden Rotgelb genannt werde, so müßte man fragen, worin diese Ähnlichkeit bestehe. Sie könnte doch nur als eine besondere qualitative Annäherung begriffen werden. Doch ein dem reinen Gelb sehr nahe stehendes Orange steht vielleicht dem reinen Rot nicht näher als das reine Blau. Und jedenfalls ein Weiß mit leichtem Stich ins Rote dem reinen Rot ferner als dem reinen Gelb, wie experimentell zu erweisen ist. Wollte man aber sagen, Orange sei rot=gelb zu nennen, Rosa weißlich=rot usw., weil es, obwohl einfach, in genau gerader Linie, das eine zwischen Rot und Gelb, das andere zwischen Rot und Weiß liege, so erhöbe sich die Frage, wie die Tatsache solcher Lage konstatiert werden könne, wenn nicht eben dadurch, daß es als Verschmelzung von diesen beiden sich erkennen läßt.

Und so ist denn überhaupt sicher, daß jede wahre Zwischen=farbe, sei es rötliches Weiß oder weißliches Rot, sei es Orange in irgendwelcher Nuance, sei es Violett in seinen verschiedenen Über=gängen von Blau und Rot, sei es Rotbraun in seinen ver=schiedenen Annäherungen an reines Rot und reines Schwarz, sei es Grau in seinen verschiedenen Annäherungen an Schwarz und Weiß usw. usw., nicht anders denn als Verschmelzung von mehreren einfachen Farben begriffen werden kann. Die einfache Farbe Rot, obwohl sie einerseits Schwarz, anderseits Weiß relativ nahe liegt, liegt darum doch nicht wahrhaft zwischen ihnen, vielmehr wechselt beim Übergang von Schwarz über Rot zu Weiß beim Rot die Richtung. Analoges gilt auf dem Gebiet jedes anderen Sinnes, z. B. bei dem Geschmack, wo zwischen bitter und süß nur das Bittersüße als Verschmelzung beider, nicht aber ebenso das Salzige seine Stelle findet. Und somit hat Mach ganz recht, solches auch für den Tonsinn als zweifellos gesichert zu betrachten und geltend zu machen.

2 (S. 101). Das Argument von Stumpf läßt sich freilich, wie gegen die Ansicht von Mach, auch gegen seine eigene kehren. Jede vollkommene Verschmelzung zweier Qualitäten kann nicht anders als in gerader Linie zwischen den Extremen liegen. Käme nun eine solche Lage auch einer einfachen Qualität zu, so müßte diese von der Verschmelzung, die in gleicher Distanz wie sie von den Extremen absteht, schlechterdings ununterscheidbar sein, oder wir hätten zwischen zwei Punkten mehr als eine Gerade.

3 (S. 102). Mach, Die Analyse der Empfindungen, 4. Aufl., XIII, 13—18, Seite 222 u. f. Um seine Ansicht mit der Mannigfaltigkeit unserer Empfindungen beim Hören musikalischer Kompositionen in Einklang zu bringen, verweist Mach auf die Er=
scheinungen beim simultanen und sukzessiven Kontrast der Farben. Allein, was wir hier finden, scheint dem Versuche durchaus un=
günstig; denn ein lichteres und dunkleres Grau vermögen sowohl im simultanen wie sukzessiven Kontrast nichts anderes, als eine gewisse Verschiebung des helleren Grau in der Richtung des Weiß und des dunkleren in der Richtung des Schwarz hervorzubringen. Daß eine ähnliche Verschiebung der Töne nach Höhe und Tiefe nicht statt hat, ist ebenso offenbar, wie daß dieselbe hier dem Be=
dürfnis nicht abhelfen könnte. Mach kompliziert darum seine Ansicht dadurch, daß er jeden Ton, so sehr er, wenn er vereinzelt auftritt, sich nur als eine Vereinigung von einem Quantum von Tonschwarz und Tonweiß darstellen soll, da wo er einem andern Ton nachfolgt, sowie auch da, wo er mit ihm zusammen erklingt,

eine bestimmte Zusatzfärbung erhalten läßt, welche wir, wenn ich ihn irgend recht verstehe, nicht wieder als eine Art Mischung von Dumpf und Hell, sondern als eine ganz andersartige Tonqualität zu betrachten haben. Nicht bloß einer, sondern eine ganze Reihe von vorausgehenden Tönen wirkt für den Charakter dieser Qualität, die vielleicht selbst zusammengesetzt ist, bestimmend, und nicht bloß einer, sondern jeder der simultan gegebenen Töne gewinnt einen solchen Einfluß. Dagegen ist derselbe unter sonst gleichen Umständen zwischen je zwei Tönen von gleichen Intervallen der= selbe. Daher der musikalisch gemeinsame Charakter jeder großen Terz, Quart usw. und die Ähnlichkeit des melodischen Empfindens bei der Transposition der Komposition in eine andere Tonart. Er ergeht sich in noch detaillierteren Vermutungen, zu denen er jedoch selbst kein rechtes Vertrauen zeigt.

Wenn Mach unter den Zusatzempfindungen, die er hier ein= führt, wirklich, wie es scheint, die Empfindung besonderer neuer Elemente von Tonqualitäten versteht, so kann gegen ihn natürlich der Vorwurf, daß er die Musik nur Grau in Grau malen lasse, nicht ferner erhoben werden. Ein anderes aber ist, ob die Er= fahrung mit seiner Theorie irgendwie in Übereinstimmung gebracht werden könne. Ich glaube mich des Gegenteils sicher. In bezug auf die Sukzession scheint mir die Untersuchung leicht. Es genügt ja, sich an den ersten besten einfachen Fall zu halten. Man schlage einen beliebigen Ton an (er ertönt dann nach Mach ohne jede Zusatzqualität als reines Tongrau) und wiederhole ihn dann, nach= dem man dazwischen einen beliebigen anderen Ton aufgerufen hat. Die Qualität dieses neuen läßt sich mit der des ersten Tones trefflich vergleichen und sie erscheint schlechterdings unverändert. Aber auch was simultan vereinigte Töne anlangt, gelingt es dem Musiker, jeden einzelnen Ton scharf herauszuhören. Er erkennt ihn ganz als das, was er auch für sich allein war. Vielleicht würde dies nicht wesentlich gegen Mach entscheiden; es könnten ja in den Zusatzelementen ein dritter und vierter oder auch eine noch größere Vielheit von anderen, ganz neuen Tonqualitäten hinzugekommen sein. Nur freilich würde dann das Ohr des Musikers auch diese ganz ähnlich heraushören können, zumal sie ja sehr mächtig auftreten sollen. Wo aber hätte je ein Musiker

solches erlebt, um etwa dann eine spezifische Helligkeit für jedes
dieser gesättigten Elemente, ähnlich wie Hering, eine spezifische
Helligkeit für Rot, Blau usw. festzustellen?

Daß besondere emotionelle Empfindungen die Kompositionen
von Tönen begleiten, die beim Hören der einzelnen Komponenten
und auch bei ihrer Komposition in anderer Ordnung nicht ebenso
gegeben sind, aber bei Transpositionen eines Tonstücks an die
analogen Teile ähnlich sich knüpfen, ist unzweifelhaft. Aber das
Hören selbst enthält hier so wenig als sonst etwas von Affekt, und
ein neues Tonelement wird dadurch den anderen nicht gesellt. Es
ist dies ganz ähnlich dem, was wir bei dem Farbensinn finden,
indem auch das Sehen, in sich selbst genommen, niemals einen
emotionellen Charakter hat. Aber ein großer Reichtum von
Affekten ist gesetzmäßig an Farben wie Tonerscheinungen geknüpft;
bei den Farbenerscheinungen aber vornehmlich an die gesättigten
Qualitäten, bei welchen auch das Merkwürdige sich zeigt, daß bei
der Verbindung einer Qualität mit einer andern ein den Elementen
selbst fremdartiges Gefühl auftritt, und daß verschiedene durch die
Verbindung mit denselben in verschiedenem Sinne in ihrem Gefühlston modifiziert werden, während bei der Einmengung eines
ungesättigten Schwarz oder Weiß nichts Ähnliches sich zeigt. So
wäre denn auch das Entstehen von ganz neuen und einander un-
gleichartigen Gefühlswirkungen bei der Vereinigung ein und desselben Tones mit verschiedenen anderen zum Akkord, wenn jeder
einzelne Ton nur eine besondere Nuance desselben Grau wäre,
unannehmbar und aller Analogie mit dem, was wir bei dem Gesichtssinn finden, entgegen. Wir werden im Vortrag selbst noch
darauf zurückkommen.

4 (S. 102). Ich behalte hier die Bezeichnung „gesättigt“ für
die oft in einem engeren Sinn allein „Farbe“ genannten Elemente
und ihre Zusammensetzungen untereinander bei, während manche
andere anfangen, sie in ganz anderem Sinn und ähnlich wie die
Bezeichnung „rein“ anzuwenden, wo dann auch von einem gesättigten Weiß und Schwarz gesprochen wird.

5 (S. 104). Neuere ethnologische Forschungen haben dargetan, daß nicht alle Völker so wie wir die musikalischen Intervalle
unterscheiden. Manche teilen die Oktaven in fünf gleichweit von-

einander abstehende Töne (die Gleichheit nach dem Zuwachs der Logarithmen der Schwingungszahlen bemessen); andere scheinen sie in sechs und wieder andere in sieben gleichweit abstehende zu scheiden. Bei solcher Divergenz in jeder anderen Beziehung halten sie aber alle gemeinsam mit uns an der Einteilung der Skala in Oktaven fest, eine Tatsache, in welcher wir eine neue Bestätigung für den ganz ausgezeichneten Charakter dieses Tonverhältnisses zu erblicken haben.

6 (S. 105). In einem am 29. Januar 1893 in der Wiener philosophischen Gesellschaft gehaltenen Vortrag „Über das phäno= menale Grün" habe ich den eingehendsten Nachweis für das Ge= sagte zu erbringen gesucht. Zufällige Umstände verhinderten damals seine Veröffentlichung im Druck, die aber nunmehr in nächster Zeit erfolgen wird. (Dies bei Gelegenheit des römischen Kongresses gegebene Versprechen erfüllen wir durch die Veröffent= lichung dieses Buches in dem ersten der darin aufgenommenen Vorträge.)

7 (S. 107). Während Mach den Verlauf der Skala durch die folgende Figur anschaulich macht, in welcher jede Vertikale in

dem Verhältnis ihres in das weiße und ihres in das schwarze Dreieck fallenden Teiles die qualitative Zusammensetzung eines Tones der Skala darstellt, böte nach mir die folgende Figur, in

welcher der obere Winkelraum rechts das Tonweiß, der untere links das Tonschwarz, der Raum zwischen den beiden Parallelen aber die gesättigte Qualität repräsentiert, in der Aufeinanderfolge der Vertikalen ein entsprechenderes Analogon.

Freilich bleibt auch hier die Ähnlichkeit eine ungenaue, indem die Figur auf die feinen Variationen, die hinsichtlich der Unterschiedsempfindlichkeit beobachtet worden sind, nicht Rücksicht nimmt.

8 (S. 107). Wollte man an dem Gedanken einer solchen Zusammensetzung festhalten, so müßte man wohl sagen, jede von den vielen im Geräusch zugleich auftretenden Qualitäten sei 'in unmerklich schwacher Intensität gegeben, so daß nur der Durchschnitt der spezifischen Helligkeit von ihnen allen in deutlicher Apperzeption erfaßt werde. Ich enthalte mich hier jedes Urteils über die Durchführbarkeit einer solchen Hypothese. Daß um der mittleren Geräusche willen jedenfalls keine besonderen Tonelemente anzunehmen sind, erscheint von ihrem Standpunkt wie von dem im Vortrag von uns eingenommenen gesichert.

9 (S. 107). Man erinnere sich hier der Lehre Herings von der spezifischen Helligkeit der Farben.

10 (S. 108). Wenigstens nicht anders als durch eine vervielfältigte Projektion, die bei so häufiger Wiederholung vielleicht doch nicht mehr als praktisch sich erweisen würde.

11 (S. 108). Unter den wenigen, welche schon vor uns das geradlinige Aufsteigen der Skala zu bestreiten wagten, ist wohl der Herbartianer Drobisch als der bedeutendste zu nennen. Dieser lehrte, daß sie vielmehr einer Spirallinie gleich in vielen sich wiederholenden Windungen emporsteige, indem er dabei dem Verhältnis der Oktaven in der Art Rechnung trug, daß er die den gleichnamigen Tönen entsprechenden Punkte senkrecht über einander stehend dachte.

Es ist unschwer zu erkennen, daß man auf diesem Wege den gegen die Auffassung der Skala, als einer in gerader Linie aufsteigenden, geltend gemachten Argumenten nicht wahrhaft entgeht. So müßte es insbesondere noch immer möglich sein, aus ganz verschiedenen Paaren von Tönen dieselbe Mischung herzustellen, wie sich ja auch verschiedene Paare von Punkten einer Spirale durch sich kreuzende gerade Linien verbinden lassen.

12 (S. 108). Schon für eine analoge Darstellung der Farbenelemente wäre ein ebenes Topoid von vier Dimensionen erforderlich.

13 (S. 109). Hebt man aus der Menge der gesättigten Ton=
qualitäten nur vier heraus, so wird natürlich eine graphische
Darstellung ihrer Abstände auch in unserem ebenen Raum möglich
sein. Und bei der Wahl von Tonqualitäten, deren Abstände sich
zueinander verhalten wie die von c, dis, fis und a, würden die
Verhältnisse der Abstände der Punkte a b c^1 d in unserer stereo=
metrisch aufgefaßten Figur (S. 108) den Verhältnissen der Abstände
der Tonqualitäten mit annähernder Genauigkeit entsprechen.

14 (S. 109). Natürlich die Fälle, wo die Stärke des Reizes
des grellen Lichtes und schrillen Tones peinlich scharf und gleichsam
stechend einwirkt, ausgeschlossen.

15 (S. 109). Die katholische Kirche verwendet es darum in
der Fastenzeit als Bußfarbe.

16 (S. 110). Vgl. hierfür und für das Folgende meinen auf
dem Münchener Internationalen Psychologenkongreß gehaltenen Vor=
trag: „Zur Lehre von der Empfindung“. (Es ist der, den wir
in dieser Sammlung unter dem Titel: „Über Individuation, multiple
Qualität und Intensität sinnlicher Erscheinungen aufgenommen
haben.)

17 (S. 112). Unsere Sensationen zerfallen in zwei Klassen;
insofern die einen einen emotionellen Charakter haben, die andern
desselben ganz und gar entbehren. Von manchen Psychologen wird
dies heute noch in Abrede gestellt. Es scheint mir aber eine unzweifel=
hafte Tatsache und insbesondere auch, daß die beiden höheren Sinne
durchaus zu der letzteren Klasse gehören. Nicht als ob nicht, indem
wir hören und sehen, mancherlei Affekte in uns angeregt würden.
Man weiß, wie das rote Tuch den Stier reizt. Auch wären sonst
malerische und musikalische Genüsse ausgeschlossen. Allein diese
Affekte bestehen in Mitempfindungen, die bei verschiedenen Tier=
arten, ja auch bei verschiedenen Menschen von Geburt an oft sehr
verschieden sind, obwohl sie dasselbe sehen und hören. Daher die
Unterscheidung von Hörvermögen und musikalischem Gehör. Auch
wechseln sie unter dem Einfluß der Ermüdung. Ein Ton oder
eine Melodie, auch die an und für sich schönste, kann, wenn sie
sich im Ohr festgesetzt, zur unerträglichen Qual werden. Eben so
mächtig erweisen sich andere Dispositionen, welche als Resultate

von früher Gehörtem aber aktuell nicht mehr im Bewußtsein Erscheinendem und von den Apperzeptionen, die damals gemacht wurden, gegeben sind. Die Tonart z. B., in welcher das Stück bisher verlaufen ist, begründet einen solchen Unterschied der Gefühlslage für jeden neu auftretenden Ton und ergibt für den einen im Gegensatz zum andern die Möglichkeit befriedigenden Abschlusses.

Ein recht schlagender Beweis dafür, daß die lebhaftesten musikalischen Affekte nicht in den Hörempfindungen selbst gegeben sind, liegt auch schon darin, daß sie nicht an eine, sondern an mehrere Empfindungen von Tönen, die als gleichzeitig oder aufeinander folgend vorgestellt werden, sich knüpfen (Harmonien und Dissonanzen, gefällige und mißfällige Tonfolgen). Dabei macht sich auch der Einfluß der Gewöhnung geltend; gewisse Verbindungen kommen in und außer Mode und wecken jenachdem Gefallen oder Mißfallen. Umgekehrt hat auch wieder die Neuheit und Originalität ihren besonderen Reiz.

Und eine vielleicht noch greifbarere Bestätigung scheint in gewissem Umfang durch den merkwürdigen pathologischen Fall von Robert Franz geliefert, dem, nachdem er vollkommen taub geworden, eine gute oder schlechte Musik direkt noch die Gefühle höchsten Wohlgefallens oder Mißfallens weckte. „Übrigens hatte ich an meinen Ohren einen unfehlbaren Grabmesser des Wohl= oder Übelklanges. Waren die Luftschwingungen, also der Grund des Tönens, vollkommen gleichmäßig, so fiel es mir wie Balsam in die Ohren: zeigten sie dagegen nur die geringste Unegalität, namentlich ein Forcieren, dann stellte sich sofort vibrierendes Zucken im Trommelfell ein." (Vgl. Stumpf, Tonpsychologie, 1883, I, S. 413—419.)

Man hat von dem Gesetz der spezifischen Sinnesenergie gesagt, daß es wie für die Qualität so auch für die durch die Sensation gegebene, mit der Qualität konkrete, örtliche Besonderheit gelte. Es ist dies so gewiß richtig, als die sensitive Leistung nicht eine doppelte, sondern eine einheitliche, zugleich qualitativ und räumlich spezifizierte Erscheinung ist. Und ich darf hinzufügen, daß, wo die Sensation eine emotionelle ist, d. h. die Empfindung nicht bloß innerlich wahrgenommen, sondern mit Lust ober Unluſt wahrgenommen wird, das Geſetz der ſpezifiſchen Energie auch auf dieſen emotionellen Charakter ſich ausdehnt. So muß denn auch die Intenſität des Gefühls oder des Empfindens als Affekt mit der Intenſität der qualitativen Erſcheinung zu- und abnehmen; ein neuer Grund dafür, daß das hohe Wohlgefallen, welches unter Umſtänden an ein Pianiſſimo ſich knüpft, nicht in dem Hören ſelbſt beſchloſſen ſein kann. Daß Gewohnheit und Übung und ſo mancher andere erwähnte Umſtand, ſowohl ver- ſtärkend als abſtumpfend, als mannigfach mobifizierend, auf die mit Geſichts- und Gehörseindrücken verbundenen Gefühle einwirken können, ſteht hiermit nur darum nicht im Widerſpruch, weil ihr Einfluß nicht ausſchließlich den emotionellen Charakter einer be- gleitenden Empfindung, ſondern ihr Eintreten oder Entfallen über- haupt betrifft.

Der vorſtehende Teil dieſer Anmerkung war geſchrieben, als mir die Abhandlung von Stumpf „Über Gefühlsempfindungen" (Zeitſchrift für Pſychologie und Phyſiologie der Sinnesorgane I, 1907) zu Geſichte kam, welche ſich in gewiſſen Punkten mit meinen Anſichten berührt, aber doch ſehr tiefgreifende Differenzen aufweiſt. In einem Geſpräch, das zwiſchen uns ſtattgefunden, waren dieſe ſcheints nicht deutlich genug hervorgetreten, um zu verhindern, daß Stumpf ſelbſt ſich hier in völliger Übereinſtimmung mit mir zu befinden glaubt. Sie beſtehen weſentlich in den folgenden:

1) Für Stumpf ſind ſinnliche Luſt und ſinnlicher Schmerz ſelbſt Sinnesqualitäten, wie die Farben, Töne, Geſchmäcke uſw. es ſind. Für mich ſind ſie Affekte, Emotionen.

2) Für Stumpf zeigt ſich nichts Gemeinſames für ſinnliche Luſt und geiſtiges Wohlgefallen, ſinnlichen Schmerz und geiſtiges Mißfallen. Für mich ſteht der gemeinſame Charakter außer Zweifel; die ſinnliche Luſt iſt ein Wohlgefallen, der ſinnliche Schmerz iſt ein Mißfallen, welche auf einen Empfindungsakt gerichtet ſind, zu dem ſie ſelbſt gehören.

3) Nach Stumpf haben ſinnliche Luſt und ſinnlicher Schmerz, wenn ſie uns erſcheinen, nicht mehr Recht, als wirklich exiſtierend anerkannt zu werden als eine Farbe, die ich ſehe, ein Ton, den ich höre. Nach mir dagegen ſind uns Luſt und Schmerz durch die Evidenz der inneren Wahrnehmung in ihrer Wirklichkeit ver-

bürgt wie das Sehen und Hören, an welchen auch ein Descartes nicht zweifeln konnte, während er Farbe und Ton sehr richtig als etwas bezeichnete, für dessen Existenz keine unmittelbare Wahrnehmung uns Bürgschaft leiste.

Für Stumpf sind Lust und Schmerz physische, für mich sind sie psychische Phänomene.

4) Stumpf würde es für etwas der Natur des Empfindens Widersprechendes halten, wenn eine Lustempfindung außer der Lust, eine Schmerzempfindung außer dem Schmerz, eine sinnliche Qualität zum Objekte hätte. Nach mir dagegen widerspricht dies so wenig der Natur des Empfindens, daß es vielmehr von ihr gefordert wird; es hat nämlich sowohl ein primäres als sekundäres Objekt. Das erste ist etwas sinnlich Qualitatives; das zweite ist der Empfindungsakt selbst, auf welchen sich das Empfinden immer sowohl vorstellend als in evidentem Urteil anerkennend, manchmal aber auch noch emotionell bezieht, und dieser letztere Fall ist bei sinnlicher Lust- und Schmerzempfindung gegeben und macht, daß die betreffenden Empfindungsakte als wahre Affekte von anderen zu unterscheiden sind.

Stumpf begibt sich, indem er die Beziehung des Empfindens von Lust und Unlust zu anderen Qualitäten leugnet, der Möglichkeit, den tatsächlich für die eine wie andere bestehenden qualitativen Differenzen gerecht zu werden, und es muß mich wundern, daß er da, wo er die Frage gestreift, dies nicht selbst bemerkt hat und dadurch auf den begangenen Fehler aufmerksam geworden ist.

5) Infolge davon geschieht es, daß Stumpf die sinnlichen Wohl- und Wehegefühle (die ihm ja im Vergleich mit allem, was im wahren und emotionellen Sinn Gefühl genannt wird, nur äquivok den Namen tragen) gar keinen Bestandteil des musikalischen Gefallens oder Mißfallens bilden läßt, während bei mir jeder Grund entfällt, sie nicht als einen Teil desselben zu betrachten. Ja sehr reichlich und mannigfach ist nach mir dieser Teil; denn nicht bloß an einen einzelnen Ton, sowie auch an eine Mehrheit, die zugleich oder auch nacheinander vorgestellt wird, sondern auch an Erinnerungen an früheres Hören und seinen Vergleich mit dem gegenwärtigen und an noch gar manche andere Nebenerscheinung und ihre Beziehungen zu dem, was gegenwärtig gehört wird,

knüpfen sich wahrhaft sinnliche Lust= und Schmerzgefühle, von welchen jedes irgendwie zu dem Ganzen des musikalischen Gefallens und Mißfallens einen Beitrag liefert. Daß dabei gewisse höhere begleitende Tätigkeiten eingreifen und für vieles Sinnliche Vor= bedingung sind, ändert nichts an diesem wahrhaft sinnlichen Charakter, ähnlich wie es eine wahrhaft sinnliche Lust war, welche Archimedes berauschte, als er aus dem Bad sprang und sein εὕρηκα rief, ob= wohl dieselbe eine Retundanz der Befriedigung war, welche ihm eine lang angestrebte wissenschaftliche Entdeckung bereitete. Wiederum hat man es, wenn man von den Natterbissen der Furien oder von dem herzzerreißenden Jammer einer des Kindes beraubten Mutter spricht, wie die Wahl der Ausdrücke selbst bezeugt, auch mit sinnlichen Peinen zu tun, obwohl jene aus Vorwürfen des Gewissens, diese aus menschenfreundlicher Teilnahme retundieren.

So mögen sich denn auch sinnliche Retundanzen an die Wiedererkennung einer musikalischen Periode, wenn sie an einer mehr oder minder getreu sie wiederholenden Stelle in der Er= innerung auftaucht, und ähnlich auch noch an mannigfache andere Apperzeptionen knüpfen, welche ohne eine besondere Aufmerksamkeit und ein besonderes höheres musikalisches Verständnis nicht möglich wären. Auch mag es geschehen, daß die größere oder geringere Vollkommenheit, mit welcher die Komposition und der Text eines Liedes sich entsprechen, für die retundierenden sinnlichen Lustgefühle mitmaßgebend werden, wie auch das Zusammenstimmen von Musik und Bewegung der Glieder bei Marsch und Tanz und die Harmonie zwischen den Eindrücken des Ohres und des Auges und der durch dieselben vermittelten Assoziationen, wie z. B. wenn ein ernstes Oratorium in der ehrwürdigen Halle eines Domes zur Aufführung gelangt.

Es gibt wohl noch gar manchen, der wie Stumpf alle sinnliche Lust und Unlust vom ästhetischen Wohlgefallen und Mißfallen aus= schließen möchte. Wenn man nun aber fragt, ob dieses Wohl= gefallen und Mißfallen bald höhere, bald geringere Intensität habe, so wird er dies unbedenklich bejahen nnd hiermit (nach dem, was wir in dem Vortrag „Über Individuation, multiple Qualität und Intensität sinnlicher Erscheinungen" erwiesen zu haben glauben) gegen sich selber Zeugnis geben.

Stumpf, wo er seine Auffassung entwickelt, stellt dieselbe zwei anderen gegenüber, zu welchen man, wenn man die seine ablehne, greifen müsse, indem er sagt, daß bei näherer Betrachtung die eine von ihnen sich als vollständig unmöglich, die andere als unnötig komplizierend erweise. Ganz unhaltbar wäre nach ihm die Lehre von einem Gefühlston, der außer der sinnlichen Qualität in der Empfindung selbst gegeben sein soll. Sie träfe der Vorwurf, daß sie Eigenschaften von Eigenschaften annähme, was ihm ontologisch unzulässig erscheint. Überflüssig komplizierend aber wäre es nach ihm, wenn wir bei sinnlicher Lust und sinnlichem Schmerz zwei Akte, einen Empfindungs= und einen emotionellen Akt, gegeben glaubten, welch letzterer von ganz anderer Natur als die Empfindung, vielmehr reine Emotion, wie der erstere reine Empfindung wäre.

Was mich betrifft, so würde ich die zweite Ansicht, so dar= gestellt, als unmöglich ablehnen, indem jede Emotion ihrem Wesen nach ein Vorstellen einschließt. Die erste aber halte ich durch das erbrachte Argument keineswegs für widerlegt, scheint doch recht wohl ein Akzidens andere Akzidentien haben zu können, wie wenn ein Vorstellen Substrat eines Urteils und ein Urteil Substrat der Evidenz wird, die z. B. der Pythagoräische Lehrsatz nicht für den hat, der ihn im Vertrauen auf die Aussage eines anderen oder auch auf die Erinnerung an einen früheren Beweis blind festhält, während er sie im Moment des demonstrativen Einleuchtens besitzt. Doch sage ich dies nicht, als ob ich selbst der Ansicht wäre, daß bei sinnlicher Lust die Emotion als Akzidens eines Empfindens gegeben sei und lasse es dahingestellt, ob, die vom Gefühlston sprechen, sämtlich ihn so gefaßt haben wollen. Vielmehr handelt es sich nach mir um die Tatsache, daß jeder Empfindungsakt außer seinem primären Objekt sekundär oder, wie Aristoteles sagt, ἐν παρέργῳ sich selbst zum Objekt hat und dies sogar in mehr= facher Weise, und daß dies bei den Lust= und Schmerzempfindungen im Unterschied von anderen (wie namentlich von allem Sehen und Hören) insbesondere auch noch emotionell, d. i. in der Weise von Liebe und Haß geschieht. Diese Beschränkung allein ist es, wo= durch ich heute von der in meiner Psychologie vom empirischen Standpunkt vertretenen Ansicht abweiche. Daß jemand die Aristotelische Lehre von dem primären und sekundären Objekte des

Empfindens widerlegt habe, oder auf Grund apriori aufgestellter ontologischer Grundsätze zu verwerfen berechtigt sei, kann ich nicht zugeben, vielmehr scheint sie mir allein mit den Tatsachen in Einklang und gerade der Fall, der uns vorliegt und der uns den emotionellen Charakter von sinnlicher Lust und Unlust ja sogar ihren Charakter als psychische Phänomene von einem hervorragenden Forscher verkannt zeigt, beweist aufs neue, zu welchen Irrtümern man geführt wird, wenn man von der durch Erfahrung voll begründeten Auffassung des alten griechischen Denkers abläßt.

Ist aber der Versuch von Stumpf in dieser Beziehung lehrreich, so gewiß auch durch gar manches richtige Moment, das er enthält. So bin ich, um dies noch ausdrücklich hervorzuheben, ganz mit ihm einverstanden, wenn er es für unmöglich hält, dem sogenannten Gefühlston einen andern Grad der Intensität als der sinnlichen Qualität, welche in der Empfindung erscheint, zuzuschreiben. Er unterscheidet sich dadurch vorteilhaft von Meinong, welcher sogar eine Divergenz zwischen Intensität des Vorstellens und Intensität des Vorgestellten für möglich hält. Dabei könnte es aber allerdings vorkommen, daß bei Zusammensetzung einer Qualität aus unmerklich kleinen Teilen, von welchen der eine mit Lust, der andere mit Unlust empfunden wird, wie die Qualitäten auch die Gefühle sich konfundierten und die Gesamtintensität des konfusen, süßen Wehgefühls ähnlich wie die Gesamtintensität der qualitativen Mischerscheinung beträchtlich größer wäre als die Intensität der Lust sowohl als der Unlust.

Anhang.

Zur Frage vom phänomenalen Grün.

Wiederholung der wesentlicheren Teile des ersten Vortrages in gedrängter, doch zugleich durch neue Erwägungen bereicherter Fassung (24. August 1905).

———

1. Der Eifer, mit welchem die letzten Dezennien sich der Erforschung psychologisch-optischer Fragen zuwandten, hat in den wesentlichsten Beziehungen noch immer zu keiner Einigung der Meinungen geführt. Sie fehlt sogar bei solchen, bei welchen schon Aristoteles in der antiken Zeit mit Klarheit die richtige Lehre dargelegt hatte, wie z. B., wo er sagt, daß der Gesichtssinn wie jeder andere Sinn uns Erscheinungen zeige, welche zugleich qualitativ und räumlich bestimmt und auf diese Weise konkret seien. Die zahlreichen Vertreter eines extremen Empirismus bestreiten dies als einen groben und, wie sie sich ausdrücken, nativistischen Irrtum, indem nach ihrer Meinung der Gesichtserscheinung wie auch jeder andern Sinneserscheinung an und für sich jede räumliche Bestimmtheit fehle.

Auch hinsichtlich der Qualitäten des Gesichtssinnes zeigen sich die tiefgreifendsten Gegensätze. Während die einen dem Gesicht ebenso wie dem Gehör und den niederen Sinnen außer einfachen auch zusammengesetzte Qualitäten zuerkennen, wird von andern ihm jede Fähigkeit zu Mehrfarben abgesprochen. Weder Grau soll nach ihnen aus Schwarz und Weiß noch Orange aus Rot und Gelb, noch Violett aus Rot und Blau, noch Rotbraun aus Rot und Schwarz, noch weißliches Blau oder weißliches Rot aus Weiß und Blau bezw. Weiß und Rot zusammengesetzt sein. Freilich geben sie unwillkürlich gegen sich selbst Zeugnis, indem sie gerade so wie die andern von weißlichem Rot, weißlichem Blau, einem Blau, das einen Stich ins Rote habe, ja auch von einem sehr weißlichen Grau mit einem leichten Stich ins Blau sowohl als ins Rot und dergleichen mehr sprechen. Auch hier ist meines Erachtens das Recht unzweifelhaft auf der Seite derjenigen, welche einen solchen Gegensatz des Gesichtssinnes zu allen andern Sinnesgebieten in Abrede stellen.

So gibt es denn sowohl phänomenal einfache, elementare, als auch phänomenal zusammengesetzte Farbenqualitäten, und es erwächst der Psychologie die Aufgabe, die Zahl der einfachen Farbenspezies festzustellen. Als solche sind vor allen anzuerkennen Schwarz und Weiß. Es geschah nur infolge von einer Verwechselung von physikalischen Vorgängen, welche, auf das Auge einwirkend, die Gesichtsempfindung erzeugen, mit dem, was in der Gesichtsempfindung erscheint, wenn manche Schwarz für keine Qualität, sondern nur für eine Privation von Qualität erklärten und Weiß phänomenal aus den sämtlichen Regenbogenfarben zusammengesetzt glaubten. Außerdem muß entschieden sowohl Rot (nicht freilich das spektrale Rot, das ins Gelbliche spielt, sondern Karminrot), als auch Gelb (in jener Nuance, die weder wie das Goldgelb in das Rötliche noch irgendwie auch ins Grünliche spielt oder sonstwie durch ungesättigte Zutaten verunreinigt ist) und ebenso das gesättigte Blau (wenn es weder ins Rötliche noch ins Grünliche geht) als elementare Farbenqualität anerkannt werden.

Als eine sechste elementare Farbe wurde in neuerer Zeit von einer Reihe angesehener Forscher Grün aufgestellt; ja diese These ist gegenwärtig unter den Psychologen und physiologischen Optikern sententia communissima geworden, während ehedem allgemein Grün als phänomenal zusammengesetzt aus Blau und Gelb betrachtet wurde.

Mit der Lehre der Forscher stimmte damals auch das Urteil der Maler überein, während diese heute dem Urteile der Psychologen meistenteils aufs entschiedenste widersprechen. Man kann nicht wohl verkennen, daß sie mit ihrem vorzüglich geübten Auge hier vor allen andern stimmberechtigt erscheinen, und so ist es denn dringlich geboten, die Gründe kennen zu lernen und kritisch zu wägen, welche die neueren Theoretiker veranlaßt haben, sich über ihr Urteil zugleich und das einmütige Befinden der früheren hinauszusetzen.

Gründe, welche gegen die Zusammensetzung des phänomenalen Grün aus Blau und Gelb zu sprechen scheinen.

2. a) Im Grün ist von Blau und Gelb nichts zu bemerken. Im Violett erkennen wir Blau und Rot, im Orange Rot und Gelb, im Grau Schwarz und Weiß. Warum sollten wir nun in dem Grün nicht ebenso Blau und Gelb erkennen, wenn es nur wirklich darin enthalten wäre? Auch die Maler bemerken es nicht darin. Sie bilden sich dies nur ein, nachdem sie, blaue und gelbe Pigmente mischend, zu einem grünen Pigment gelangt sind. Dies ist aber nicht ein solches, welches sowohl blaues als gelbes Licht reflektiert, da es vielmehr, von den im Sonnenstrahl vereinigten Strahlen Blau sowohl als Gelb absorbierend, nur die grünen ziemlich ungeschwächt zurückwirft. Statt der Addition, an welche jene durch einen Fehlschluß glaubten, hat in der Tat nur eine Subtraktion stattgefunden.

b) Es ist unmöglich, aus blauem und gelbem Licht Grün zu mischen. Sie sind inkompatibel, so wie Rot und Grün inkompatibel sind. Mischen wir blaue und gelbe Lichtstrahlen, so erscheint uns kein Grün, sondern ein bläuliches oder gelbliches, und im extremen Fall ein völlig ungesättigtes Weiß.

c) Es gibt auf dem Farbengebiete mehrere Paare von Gegensätzen, und wie Schwarz und Weiß sind auch Rot und Grün als ein solches zu betrachten. Wenn nun Rot eine einfache Farbe ist, so muß auch sein Gegensatz eine einfache Farbe sein.

d) Die Farben haben Nachbilder, und dies ist nur daraus zu begreifen, daß von ihnen, wie ein Teil auf Dissimilation, ein anderer auf chemischer Assimilation beruht.

Wo nun der eine dieser Prozesse einfach ist, muß auch der andere einfach sein, und somit ist, wenn von den sich fordernden Farben die eine, auch die andere einfach. Nun fordert Rot Grün und Grün Rot. Rot ist aber anerkannt einfach, also ist auch Grün einfach. Es ist dies ganz so wie bei dem Farbenpaar Weiß und Schwarz und bei dem Farbenpaar Gelb und Blau.

e) Wenn Grün eine Mischung aus Gelb und Blau wäre, so würden alle die, welche der Empfindung von Blau und Gelb fähig sind, die Fähigkeit auch zur Grünempfindung haben. Dies ist nicht der Fall. Die Rotblinden sehen recht gut Blau und Gelb, aber kein Grün, und dies bewährt in vorzüglicher Weise die Hypothese, welche Rot und Grün zu einem Dissimilations= und dem entsprechenden Assimilationsprozeß in Beziehung setzt. Denn, wo der eine, muß natürlich auch immer der andere mangeln. Der Nachweis ist hier um so vollkommener zu erbringen, als Fälle von Rotblindheit überaus häufig und schon von Dalton aufs gründlichste untersucht worden sind, und jeder, auch der Normalsichtige, in seinem Auge eine Zone von Rotblindheit hat, also jeder an sich selbst den gleichzeitigen Mangel des Grün an der betreffenden Stelle des Auges konstatieren kann, obwohl sie sowohl der Blau= als der Gelbempfindung fähig ist. Fälle von Gelbblindheit sind unvergleichlich seltener und gestatten auch dem Normalsehenden keinen solchen Vergleich mit dem, was er selbst in einer gewissen Zone erfährt. Es ist aber auch hier

konstatiert, daß der Gelbblinde außer dem Rot nur noch eine
Farbe sieht, die denn eine einfache sein muß und keine andere
als Grün sein kann, da Blau zum Gelb in ähnlichem Ver=
hältnis steht wie Rot zu Grün, indem wir ja fanden, daß es
sich mit ihm zu Weiß mischt und es als Kontrast aufruft, und
da der Gelbblinde kein Weiß sehen könnte, wenn nicht Grün
und Rot es in ihrer Mischung ergäben.

f) Unter den bei abnehmender Lichtstärke im Spektrum
verharrenden Farben ist auch Grün. Hieraus ist zu schließen,
daß es eine elementare Farbe ist. Denn die Mischfarben ent=
stehen im Spektrum dadurch, daß dieselben Strahlen mehrere
Sinnesnerven, obwohl den einen mit größerer, den andern mit
geringerer Stärke, affizieren. Wird der Lichtreiz sehr schwach,
so affiziert er offenbar nur noch einen, denjenigen, der ganz
besonders disponiert ist, von ihm gereizt zu werden.

Gründe dafür, daß das Grün eine zusammen=
gesetzte Farbe ist.

Trotzdem scheint mir an der Zusammensetzung des Grün
aus Blau und Gelb nicht zu zweifeln.

3. 1) Vor allem muß ich mit den Künstlern sagen, ich sehe
und bemerke deutlich in dem Grün sowohl das Blau wie das
Gelb und erkenne daraufhin, daß, wer vom Gelb zum Blau
durch Grün übergeht, wie in gerader Linie fortschreitet, weshalb
ich auch nicht zweifle, daß Messungsversuche über die Zahl der
ebenmerklichen Differenzen bei diesem Übergange eine beträchtlich
kleinere Zahl ergeben würden als z. B. die bei dem Übergange
von Gelb zu Blau über Grau oder auf irgend einem andern
Wege. Auch erkenne ich weiter, daß darum Grün, was
die Helligkeit und auch was die sogenannte Wärme oder
Kälte der Farben anlangt, zwischen Gelb und Blau in der
Mitte steht, kälter als Gelb, wärmer als Blau, dunkler als

Gelb, heller als Blau ist. Daß mich Erfahrungen mit Pigmenten dabei irregeführt, ist ausgeschlossen, indem ich sehr wohl erkenne, daß sie schlechterdings nicht dafür angerufen werden können.

2) Wenn ich ein blaues und ein gelbes Licht mische, von denen jedes nicht den leisesten Stich ins Grüne zeigt, ja sogar der Vorsicht halber noch als etwas rötlich erkannt werden kann, wenn auch in sehr geringem Maße, so erhalte ich kein reines Grau oder gar ein Grau, das noch einen rötlichen Stich zeigte, sondern ein Grau, welches deutlich ins Grüne spielt. Auch Helmholtz und andere (z. B. Fick) müssen dies gefunden haben, da sie sagen, daß Goldgelb mit Blau und Indigo mit reinem Gelb Grau ergäben, wobei das eine Mal in dem Goldgelb, das andere Mal in dem Indigo ein Rot enthalten ist, mit dessen Wegfall offenbar der grüne Stich hervortreten muß. Woher nun der grüne Stich, da in keinem Teil das mindeste Grün vorhanden war? Er kann nicht wohl anders denn als ein Blaugelb begriffen werden.

3) Da die phänomenale Vereinigung von Blau und Gelb. die bei der Mischung blauen und gelben Lichtes nur als ein schwacher Stich ins Grüne sich zeigt, im spektralen Grün so ungleich gesättigter gegeben ist, so führte mich dies auf den Gedanken, noch im besonderen zu untersuchen, welcher Grad der Sättigung sich erzielen lasse, wenn man Blau und Gelb nicht objektiv durch Mischung von Strahlen, sondern objektiv-subjektiv oder rein subjektiv (z. B. durch Mischung von einem im Kontrast aufgerufenen Blau mit einem im Kontrast aufgerufenen Gelb) verbinde. In der Tat fand ich dann die Verweißlichung minder groß, so daß das Grün als Komposition von Blau und Gelb hier noch mehr sichtlich wurde.

4) Aber auch wenn rein blaues Licht mit rein gelbem gemischt ein reines Grau ohne jeden Stich ins Grüne ergäbe,

so würde ich dennoch zu erweisen imstande sein, daß sich hier Gelb und Blau zu einem Grün vereinigt haben, welches nur durch die Gegenwirkung eines Rot neutralisiert wird. Es ergibt sich dies unter Berücksichtigung der Gesetze der qualitativen Änderung der Farben bei Herabsetzung des Lichtes. Man erkennt dieselbe recht klar, wenn man in einem Spektroskop mit horizontal sich ausbreitender Farbenmannigfaltigkeit den oberen oder unteren Teil jeder vertikalen Farbenlinie frisch erhält, während man den andern in etwas verdunkelt. Der veränderte Farbenton zeigt sich in der vertikalen Verlängerung der frischen Farbe. Da sieht man denn, daß das reine Gelb bei der Schwächung des Lichtes etwas rötlich wird und das Blau geradezu in ein energisches Violett sich verwandelt. Dementsprechend bemerkt man auch dieselbe Farbenänderung, wenn man auf dem Farbenkreisel in eine Scheibe von reinem Blau einen schwarzen Sektor einschiebt und die Scheibe in Bewegung setzt. Man sieht dann ein dunkles Violett.

Es ist nun aber klar, daß dieselbe Abschwächung des blauen Lichtes eintreten muß, wenn wir auf dem Farbenkreisel einen weißen Sektor einschieben, ja diese Einschiebung wirkt noch energischer als die des Schwarz, indem nicht bloß durch die zeitweilige Unterbrechung, sondern auch durch eine Art Wettstreit der Lichter um dasselbe Sehfeld das Blau teilweise verdrängt wird. Die schwächere Intensität bedeutet ja nichts anderes als die geringere Dichtigkeit. So bekommt man denn hier nicht ein verweißlichtes Blau, sondern ein verweißlichtes Violett, und dasselbe ergibt sich, wenn man in anderer Weise blaues mit weißem Lichte mischt, wie z. B. den blauen Himmel in einer Glasscheibe sich spiegeln läßt, durch welche man auf einen weißen Bogen Papier hinblickt. Eine starke rötliche Färbung wird dann in der Mischerscheinung hervortreten.

So ist es denn offenbar, daß, auch wenn ich auf dem Farbenkreisel einen blauen und gelben Sektor zusammenstelle, das durch die Intermittenzen und den Kampf mit dem Gelb in seiner Lichtstärke herabgesetzte Blau nicht mehr Blau, sondern Violett ist, nahezu dasselbe Violett, welches ich erlangte, wenn ich denselben Sektor in weißer Farbe eingeschoben hatte.

Und somit ist erwiesen, daß ich hier nicht eigentlich Blau und Gelb allein, sondern Blau und Gelb und Rot gemischt habe. Will ich sehen, was Blau und Gelb allein ergeben, so muß ich einen Sektor Grün einschieben, welcher bei den Experimenten mit Weiß eben hinreicht, das auftretende Rot zu neutralisieren, so daß nun wirklich als Resultat ein weißliches Blau, ohne jede rötliche oder grünliche Nuance sich zeigt. Wiederhole ich so das Experiment und erhalte ich auch dann als Resultat nichts als Grau, so bin ich allerdings berechtigt, zu schließen, daß Blau und Gelb kein Grün darstellen. Aber siehe da! Das gerade Gegenteil ist der Fall, und wie könnte es anders sein, da ja, selbst wenn man ohne jede Berücksichtigung des Gesetzes der Farbenabdunkelung die Farben sich verschmelzen ließ, noch ein leichter Stich ins Grüne übrig blieb? Jetzt zeigt sich das Grün ungleich entschiedener hervortretend.

5) Auf Grund der eben ausgeführten Betrachtung vermögen wir in vollkommenerer Weise als bisher in die Gesetze der Verweißlichung bei der Mischung farbiger Lichter Einblick zu gewinnen. Sie erschienen, da sowohl Rot und Grün als auch Blau und Gelb und natürlich dann auch Farben, die aus Rot und Blau einerseits, und Grün und Gelb anderseits oder aus Rot und Gelb einerseits und Grün und Blau anderseits gemischt waren, zu einem Weiß führten, sehr kompliziert. Es zeigt sich dagegen jetzt, daß nur ein einziges Gesetz der Verweißlichung bei objektiven Farbenmischungen existiert, nämlich das, welches dieselbe in allen Fällen eintreten läßt, wo in einem

gewissen Maß Rot, Blau und Gelb gemischt werden. Nur muß man dabei auf das Gesetz der Farbenveränderung bei Herabsetzung des Lichtes Rücksicht nehmen.

Statt einer Vielheit koordinierter Tatsachen erhalten wir nunmehr eine einheitliche, welche ja gleichmäßig vorliegt, wenn Gelb mit Violett, Blau mit Orange und Rot mit Grün verbunden werden, da ja in jedem der drei Fälle dieselben drei Elemente zu unterscheiden sind. Es erklärt sich daraufhin auch, warum bei der Mischung von spektralem Rot und Orange gar keine Verweißlichung statt hat und warum die Verweißlichung bei spektralem Rot und Violett eine äußerst schwache ist, dies wegen des im spektralen Rot gegebenen Stiches ins Gelbe.

6) Eine weitere Bestätigung ergibt sich aus einer gewissenhaften Beobachtung der Erscheinung der Nachbilder und der simultanen Kontraste. Man erkennt nämlich, daß Gelb als Kontrast nicht reines Blau, sondern Violett aufruft, und daß Blau als Kontrast nicht reines Gelb, sondern Orange fordert. In diesen beiden Fällen also reagieren auf die Erscheinung einer gesättigten Farbe nicht eine, sondern zwei, auf Gelb Rot und Blau, und auf Blau Rot und Gelb. Es ist darum von vornherein mit Wahrscheinlichkeit anzunehmen, daß auch auf die einfache Farbe Rot mehrere Farben, ja geradezu zwei Farben reagieren werden, und dies ist dann der Fall, wenn Grün als ein Blau-Gelb zu definieren ist.

Ja, noch mehr. Die sich fordernden Farben fordern sich gegenseitig. Wenn nun Gelb Rot aufruft, da dasselbe ja einen Bestandteil des Violett ausmacht, so muß auch Rot Gelb aufrufen, und wenn Blau Rot aufruft, da dasselbe ja einen Teil des Orange ausmacht, so muß auch Rot Blau aufrufen. Wir sehen also, daß Rot infolge des Gesetzes der Reziprozität sicher Gelb und Blau aufrufen muß. Nun finden wir, daß es Grün aufruft, und somit dürfen wir erschließen, daß in diesem Grün Blau und Gelb enthalten sind, wie wir es lehren.

7) Das alles findet noch eine Verstärkung, wenn wir das Gesetz der Mischung von Rot und Grün zu Weiß und das Gesetz, daß Rot Grün und Grün Rot aufruft, genauer mit einander vergleichen. Wir finden nämlich, daß dieselbe Nuance von Rot und dieselbe Nuance von Grün, welche einander fordern, die sind, bei deren Mischung das vollkommene Weiß hervortritt. Dementsprechend ist zu erwarten, daß auch bei anderen Farben, die sich zu Weiß mischen, dieselben Nuancen, welche zu einander im Kontrast stehen, mit einander vermengt, das neutrale Weiß ergeben. Da nun Gelb im Kontrast Violett und nicht reines Blau erzeugt, so müssen wir erwarten, daß nicht die Mischung von reinem Gelb und reinem Blau, sondern nur die Mischung von Gelb und jener Nuance von Violett, welche es im Kontrast erzeugt, und ebenso daß das reine Blau nur mit jener Nuance von Orange, welche als Kontrast zu ihm in die Erscheinung tritt, Weiß ergebe. Beachten wir nun die Nuance von Violett, welche sich bei Einschiebung des weißen Sektors, den wir dann durch Gelb ersetzten, in das Blau zeigte, so finden wir, daß sie genau in dem Verhältnis Rot und Blau enthält, in welchem die Kontrasterscheinung zu Gelb uns dieselben darbietet, und somit sehen wir wirklich, daß jene, welche Blau und Gelb gemischt zu haben glaubten, tatsächlich Violett und Gelb miteinander gemischt hatten. Der hohe Grad der Verweißlichung war darum einfach Folge jenes einheitlichen Gesetzes der Verweißlichung [1], das wir aufgestellt haben. Und wenn, auch bei der Korrektur des Experiments durch Einschiebung eines grünen Sektors, das ungleich energischer hervortretende Grün noch immer merklich verweißlicht bleibt, so ist dies eben die Folge davon, daß ein Teil des Blau und ein Teil des Gelb mit dem Rot sich neutralisierend diesen verweißlichenden Zusatz erzeugten.

8) Und noch in einer andern Beziehung erscheint infolge der Analyse von Grün in Blau und Gelb die psychologische Farbenlehre von einer inneren Disharmonie befreit. Diese bestand darin, daß von den drei kontrastierenden Paaren einfacher Farben Blau und Gelb, sowie auch Rot und Grün sich wechselseitig aufheben, Schwarz und Weiß aber in Grau zu einer Mischfarbe sich vereinigen sollten. Hier wie dort würde ja der eine Prozeß an eine überwiegende Dissimilation, der andere an eine überwiegende Assimilation geknüpft sein. Und wenn dieser Umstand die Inkompatibilität von Blau und Gelb sowohl als von Rot und Grün zu erklären schien, so drohte er die Vereinbarkeit von Schwarz und Weiß unbegreiflich zu machen. Viele machten darum die Möglichkeit einer Vereinigung von Schwarz und Weiß als etwas geradezu Entscheidendes gegen die Heringsche physiologisch-optische Hypothese geltend.

In der Tat ist es unmöglich, daß in demselben Organ zugleich Assimilation und Dissimilation überwiegt, und so bliebe denn als einziges Mittel der Verteidigung nur übrig, sich auf die Möglichkeit eines in unmerklich kleinen Parzellen wechselnden Übergewichts des Assimilations- und Dissimilationsprozesses im Organ für Schwarz und Weiß zu berufen. Nach dem, was wir früher erörtert, würde dann wirklich als Ergebnis der Misch-eindruck von Grau zu erwarten sein. Allein, wenn man hier auf diese Weise einem Widerspruch entgeht, so sieht man sich nach der anderen Seite in Nachteil gesetzt, indem nun die behauptete Inkompatibilität der beiden anderen kontrastierenden Paare aufs äußerste befremdlich erscheinen muß.

Nach der von uns gegebenen Ausführung bleibt kein solcher Stein des Anstoßes. Wie alle anderen Mischungen wären auch die von Blau und Gelb und von Rot und Grün an und für sich aufs vollkommenste möglich. Denn nicht ein innerer Anta-gonismus der Farben verhindert sie, sondern eine Verdrängung durch das Weiß, dessen Prozeß durch jede Art der bei der Mischung beteiligten Lichtstrahlen zugleich angeregt wird. Statt mannigfacher Inkompatibilitätsgesetze oder eines einzigen mit befremdlicher Ausnahme, besteht nach uns nur das der Inkompatibilität zweier Qualitäten in demselben Teile des Sinnesraumes, welches, sogar über das Gebiet des Gesichtsinnes hinausgreifend, keiner Ausnahme unterliegt.

Widerlegung der gegnerischen Argumente.

4. a) Wer sagt, im Grün sei kein Blau und Gelb zu bemerken, mag insoweit recht haben, als ihm selbst das Bemerken mißlingt. Er geht aber zu weit, wenn er daraufhin überzeugt ist, daß auch kein anderer die beiden Farben Blau und Gelb als Elemente im Grün unterscheide. Wir wissen ja, daß auch bei Mehrklängen die mächtigsten Abstände in der Fähigkeit für die Bestimmung der einfachen Töne, aus welchen sie sich zusammensetzen, zutage treten. Manche ahnen gar nichts von einer Mehrheit, wo andere sofort erkennen, daß eine Vielheit und welche Vielheit von Tonqualitäten vorhanden ist. Auch hinsichtlich der Farben zeigt es sich, daß manche von denen, die im Grün kein Blau und Gelb bemerken, auch im Orange kein Rot und Gelb, im Violett kein Rot und Blau, im Grau kein Schwarz und Weiß als Elemente unterscheiden, und sie gehen darum so weit, dem Gesichtsinn im Gegensatz zum Gehör die Befähigung zu phänomenal zusammengesetzten Qualitäten abzusprechen. Ein anderer Teil der Gegner der Zusammensetzung von Grün erklärt dagegen, in diesen und vielen anderen Fällen ein Farbenphänomen als aus mehreren Elementen gemischt zu erkennen. Wenn aber einer meint, daß diese wenigstens, da sie im allgemeinen ihr Vermögen zur Unterscheidung von elementaren Qualitäten einer Mischfarbe bewährt hätten, gewiß auch das Blau und Gelb im Grün bemerken würden, wenn es

darin ebenso wie das Rot und Gelb im Orange vorhanden wäre, so ist darauf wiederum mit einem Hinweis auf das Ton= gebiet zu antworten, wo nicht jede Analyse eines Mehrklangs gleich leicht gelingt, und der Grundton mit der Quint z. B. sehr oft von solchen für einen einfachen Ton gehalten wird, welchen seine Verbindung mit der kleinen Terz oder der Sekund sich sofort als Mehrklang verrät. Auch steht hier Zeugnis gegen Zeugnis, und scheint es schon im allgemeinen unwahrscheinlicher, daß einer sich einbilde, in einem Klang eine Mehrheit von Tönen zu bemerken, während derselbe einfach sei, als daß ein anderer die wirklich in einem solchen gegebenen Töne nicht unterscheide und ihn darum fälschlich für einfach nehme, so steigt diese Unwahrscheinlichkeit noch mächtig, wenn man findet, daß die in der Unterscheidung der Farbennuancen geübtesten Augen — und das sind ja sicher die der Maler — (denn die Physiologen haben hier oft die seltsamsten Fehlbestimmungen gemacht und in der erstaunlichsten Weise einander widersprochen) sich in Ansehung des Grün zugunsten seiner Zusammensetzung aus Blau und Gelb erklären. Nun sagen freilich unsere Gegner, sie seien dazu durch einen Fehlschluß verführt, sie mischten blaue und gelbe Pigmente und bekämen ein grünes Pigment und hielten daraufhin auch das phänomenale Grün für analog zusammengesetzt. Allein diese Erklärung ist nicht stichhaltig und würde nie von den Physiologen versucht worden sein, wenn sie mit den Erfahrungen bei der Mischung von Farbenpigmenten vollständiger bekannt gewesen wären. Der Maler mischt auch Schwarz und Gelb zu Grün und Rot und Grün zu Grau[2]. Es fällt ihm aber nicht ein, daraufhin das Grün für ein Schwarz=Gelb und das Grau für ein Rot=Grün zu halten.

b) Daß aus einem Zusammenwirken von rein blauem und rein gelbem Lichte kein Grün entstehe, ist inexakt. Denn es ergibt sich infolge desselben kein reines Weiß oder Grau, sondern diese haben einen deutlichen Stich ins Grüne. Warum aber dieses Grün, das uns eine Mischung von Blau und Gelb darstellt, so stark verweißlicht erscheint, das haben wir in den obigen Ausführungen durch den Hinweis auf die Änderung der Qualität bei Herabsetzung des Lichtes, welche das Blau in Violett verwandelt und auch dem Gelb einen Stich ins Rote gibt, und auf das allgemeine Gesetz der Verweißlichung beim Zusammenwirken von Strahlen, die Rot, Blau und Gelb in gewissen Proportionen aufrufen, nachgewiesen. So fehlt denn diesem Argument jede solide Unterlage. Doch muß man bekennen, daß es, nachdem der leichte Stich ins Grüne übersehen und von vielen auch, da sie nicht genug Sorge darauf verwandt hatten, ein von jedem Rot freies Blau mit einem von jedem Rot freien Gelb zu verbinden, gar nicht erhalten worden war, und ebenso der Komplikation mit dem Gesetz der Verwandlung der Farben bei Herabsetzung des Lichtes nicht Rechnung getragen wurde, etwas sehr Verfängliches hatte. Es hat vielleicht mehr als alles andere dazu beigetragen, daß man eine Verbindung von Blau und Gelb zu einer Doppelfarbe für unmöglich hielt und, im Gegensatze zu der Meinung, daß die Maler durch ein auf einen Fehlschluß gegründetes Vorurteil verführt worden seien sich einzubilden, Blau und Gelb im Grün zu bemerken, werden wir wohl annehmen dürfen, daß es die Physiologen seien, die, durch ein trügerisches Experiment zu einem Vorurteil geführt, dadurch wesentlich mitbehindert worden, das Blau und Gelb im Grün zu unterscheiden.

c) Rot und Grün sind Farben, die sich fordern. Ein neutrales Grau, neben oder nach Rot geschaut, erscheint grün, und neben oder nach Grün geschaut, rot, ähnlich wie es, neben oder nach Weiß geschaut, verschwärzt erscheint. Da Schwarz und Weiß Gegensätze sind, so konnte man, was sie anlangt, mit vollem Recht von sukzessivem und simultanem Kontrast sprechen. Wenn man aber denselben Ausdruck auf alle anderen Fälle ähnlich sich fordernder Farben übertrug, so änderte man die Bedeutung des Namens. Denn in Wahrheit gibt es in dem ganzen Farbengebiet nur zwei extrem voneinander abstehende Farben, also Gegensätze, und das sind Schwarz und Weiß. Daß Blau von Gelb oder Rot von Grün weiter abstehe als von Weiß einerseits oder von Schwarz anderseits, hat niemand erwiesen, und ich dächte, eine Untersuchung, etwa nach der Methode der ebenmerklichen Unterschiede, würde statt dafür dagegen entscheiden[3]. Sind Rot und Grün keine wahren Gegensätze, so verliert das Argument, daß Grün eine einfache Farbe sein müsse, weil sein Gegensatz Rot es sei, alle Anwendbarkeit. Und in der Tat zeigt es sich ja auch als durchaus unwahr, wenn gesagt wird, daß im simultanen Kontrast zu reinem Blau reines Gelb und umgekehrt auftrete, da vielmehr durch Blau ein Orange und durch Gelb ein Violett aufgerufen wird.

d) Wir kommen zum vierten Argument, welches sich auf die Erscheinungen der Nachbilder beruft. Auch ihm gegenüber müssen wir vor allem betonen, daß zwar Schwarz und Weiß beide einfache Kontrastfarben sind, daß aber das einfache Blau im Kontrast ein Orange, das einfache Gelb ein Violett, also beide Doppelfarben hervorrufen. Wenn man nun die Theorie, welche um der Nachbilder willen die einfachen Farben in Paare scheidet, in deren jedem die eine durch einen Dissimilations-, die andere durch einen Assimilationsprozeß hervorgerufen wird, mit diesen Tatsachen vergleicht, so zeigt es sich, daß sie der Erfahrung widerspricht.

Sie unterliegt aber auch noch anderen sehr schwer wiegenden Bedenken. Einmal widerspricht sie der allgemeinen Tatsache, daß nur durch Dissimilation im Nervensystem eine sensible oder motorische Leistung erzielt wird. Dann auch verstößt sie gegen das Gesetz der spezifischen Sinnesenergie, welches ich mit Helmholtz für eine der vorzüglichsten Errungenschaften der genetischen Psychologie halte. Alles was man dagegen vorgebracht hat, erscheint von gar keiner Bedeutung, ja manchmal — wie z. B. bei Wundt⁴ — geradezu selbstwidersprechend. Wie die sogenannten Kontrastfarben, so reagieren bekanntlich Kalt und Warm häufig aufeinander. Die Anhänger der Theorie, welche die Kontrastfarben zu Dissimilation und Assimilation in Beziehung bringen, vermuten darum auch hier entgegengesetzte Prozesse im gleichen Organ. Eine genauere experimentelle Untersuchung hat aber die Hypothese als irrig erwiesen und uns vielmehr besondere Nerven für Kälte- und Wärmeempfindungen zu unterscheiden gezwungen. Auch Geschmacksempfindungen rufen sich durch Reaktion hervor. Als ich nach Ausspülung des Mundes mit einer übermangansauren Kalilösung kaltes Wasser auf die Zunge brachte, empfand ich es so süß, daß ich es für Zuckerwasser hielt. Erst nachdem ich das Glas geleert und neu gefüllt hatte, überzeugte ich mich, daß der sehr merklich süße Geschmack nur auf eine Kontrastwirkung des vorangegangenen zurückzuführen sei. Daß aber nicht dieselben Nerven es sind, welche uns hier die kontrastierenden Erscheinungen vermitteln, ist leicht erweisbar, da ja die Zungenspitze sich sonst wie für die Süßempfindung auch für die, durch welche sie im Kontrast hervorgerufen wird, überwiegend fähig zeigen müßte. Alle Analogie spricht also gegen jene, welche die Reaktion auf dem Gebiet des Gesichtssinnes als Dissimilation und Assimilation derselben Nerven begreifen wollen.

Trotzdem können wir nicht leugnen, daß die Erscheinung der negativen Nachbilder es äußerst wahrscheinlich macht, daß die nachfolgende Erscheinung hier mit der Assimilation zusammenhängt, welche die vorausgegangene Dissimilation kompensiert. Allein der Zusammenhang kann dann nur ein mittelbarer sein, indem diese Assimilation zu neuen Dissimilationsprozessen führt. Da von den einfachen Farben Weiß und

Schwarz eine einfache Farbe als Nachbild erzeugen, so werden wir vermuten dürfen, daß hier der durch die Assimilation hervorgerufene neue Dissimilationsprozeß ein einfacher ist, und da zwischen ihnen Reziprozität statthat, so läßt sich der Vorgang ziemlich einfach durch folgende Hypothese begreiflich machen. Das Organ, dessen spezifische Energie das Sehen von Schwarz, und das Organ, dessen spezifische Energie das Sehen von Weiß ist, schöpfen aus derselben Nährquelle. Wenn nun eines stark dissimiliert worden ist, so nimmt es diese Nährquelle durch die darauf folgende starke Assimilation so überwiegend in Anspruch, daß bei dem anderen Organ, wo sich sonst Dissimilation und Assimilation, Verbrauch und Ernährung, im Gleichgewicht hielten, dieses Gleichgewicht zuungunsten der Assimilation gestört wird; die Dissimilation überwiegt und damit ist das Auftreten der diesem Organ eigentümlichen Sinnesenergie verbunden. Blicken wir auf die gesättigten einfachen Farben, so haben wir, da auf Blau Orange und auf Gelb Violett reagiert, anzunehmen, daß hier mehr als zwei Organe aus derselben Nährquelle schöpfen, wenn anders wir für jede einfache Empfindung ein eigenes Organ anzunehmen haben, und zwar werden es schon im Hinblick auf diese beiden Fälle die Organe für die Blau=, für die Gelb= und für die Rotempfindung sein, welche eine solche gemeinsame Nährquelle besitzen. Jede starke Dissimilation des einen muß dann mittels der darauf folgenden starken Assimilation, welche die Nährquelle ganz oder überwiegend in Anspruch nimmt, zu einer Dissimilation der beiden anderen führen, und somit muß auf die starke Erregung jeder einzelnen einfachen Empfindung als Reaktion eine Doppelempfindung antworten, wie umgekehrt als Reaktion auf eine gleichzeitige Erregung zweier in geeigneter Proportion eine einfache Empfindung folgen muß. In der Tat finden wir es so beim Blau. Sein Nachbild ist ein Orange, also eine Vereinigung von Rot= und Gelbempfindung, wie denn umgekehrt dieses Orange im Kontrast Blau hervorruft. Und wieder finden wir solches beim Gelb, dessen Nachbild Violett, also Rot und Blau, ist, während umgekehrt dieses Violett Gelb hervorruft. In bezug auf das Rot ergäbe sich aber, wenn Grün eine, wie die Gegner behaupten, einfache Farbe wäre, eine befremdliche Anomalie. Ja, ich wüßte nicht, wie es nach ihr noch möglich wäre, die Hypothese, daß sie aus einer Quelle schöpfen, zu retten. Anders dagegen, wenn man mit uns anerkennt, daß das Grün nicht eine einfache Farbe, sondern aus Blau und Gelb zusammengesetzt ist. Vielmehr haben wir dann genau das, was zu erwarten ist. Da Rot mit Blau und Gelb aus derselben Nährquelle schöpft, so muß auf die Dissimilation durch Rot ebenso ein Blau-Gelb wie auf die durch Blau ein Rot-Gelb und auf die durch Gelb ein Blau-Rot auftreten.

e) Ebenso sind wir imstande, die auf die Erscheinungen bei Farbenblinden sich berufenden Argumente zu entkräften.

Wir haben bereits die Behauptung, daß die Vereinigung von blauem und gelbem Licht ein Weiß ergebe, als ungenau zurückgewiesen und durch Berücksichtigung der Umwandlung der Farben bei Herabsetzung des Lichtes noch deutlicher gezeigt, daß nur, wenn mit dem Gelb ein Violett, mit dem Blau ein Orange verbunden wird, also nicht Blau und Gelb allein, sondern Blau, Gelb und Rot erregende Strahlen verbunden werden, statt einer aus diesen drei Elementen bestehenden zusammengesetzten Qualität ein reines Weiß auftritt.

Geschieht dasselbe bei der Vereinigung von rotem und grünem Licht, so haben wir nach der von uns gegebenen Analyse von Grün in Blau und Gelb wesentlich denselben Vorgang. Wir konstatieren so das Gesetz, daß bei gleichzeitiger Erregung durch Lichtreize, welche für sich allein zu Rot, Gelb und Blau führen würden, diese gesättigten Farben durch Weiß verdrängt werden, und wir können dies nur so begreifen, daß wir annehmen, der Reiz, welcher zu einer der gesättigten Farben anrege, rege immer zugleich auch das der Weißempfindung entsprechende Organ an. Werde die Weißempfindung bei der Erregung durch einen der Reize im Wettkampf mit der betreffenden gesättigten Farbe unterdrückt und finde dasselbe auch dann noch statt, wenn zwei von den gesättigten Farben angeregt werden, so sei dasselbe nicht mehr ebenso der Fall, wenn alle drei erregt werden, indem die Reizung zur Weißempfindung durch die Addition der drei Partialreize gegenüber den in ihrer Zersplitterung und im Wettkampf miteinander sich schwächenden gesättigten Farben die Oberhand gewinne. Wie dem auch sei, jedenfalls steht die Tatsache fest, daß die Gesamtheit unserer drei gesättigten Farben nicht oder wenigstens nur sehr unvollkommen sich phänomenal zu mischen vermag, vielmehr in den Fällen, wo eine solche Mischung erwartet werden möchte, durch Weiß verdrängt wird[5].

Was nun bei dem Normalsichtigen, das gilt wesentlich ähnlich auch bei dem, welchem die Fähigkeit für eine der drei gesättigten Farben mangelt, nur daß hier die Gesamtheit der gesättigten Farben, deren Mischung durch Weiß verdrängt wird, aus zwei statt aus drei Elementen besteht. Er ist also, wie wir Normalsichtige außer stande sind, in vollkommener Weise eine Mischung von drei gesättigten Farben zu sehen, unfähig, in vollkommener Weise eine Mischung aus seinen zwei gesättigten Farben zu empfinden, und es fehlt ihm darum jede vollkommenere Empfindung einer Mehrfarbe aus gesättigten Elementen. Der Rotblinde kann, obwohl er Blau und Gelb sieht, gar nicht oder nur sehr unvollkommen Grün sehen; nur schwärzliches Blau, weißliches Gelb, bläuliches Weiß und dergleichen sind Doppelfarben, die in vollkommener Weise für ihn möglich sind.

Es entspricht dies auch einem Unterschied, welchen die

Phänomene des Kontrastes bei ihm zeigen, da bei ihm nicht wie bei uns auf eine einfache gesättigte Farbe eine gesättigte Doppelfarbe, sondern eine einfache gesättigte Farbe reagiert, so daß das Gesetz, daß die aufeinander reagierenden gesättigten Farben zusammen angeregt Weiß ergeben, bei ihm noch ganz ebenso wie bei dem Normalsichtigen besteht.

Danach erkennen wir von vornherein, was in Fällen vollkommener Blaublindheit und vollkommener Gelbblindheit, wenn einmal in einem solchen die Fähigkeit für die Empfindung der beiden andern gesättigten Farbenelemente vollkommen erhalten wäre, gelten müßte. Der vollkommen Blaublinde würde zwar Gelb ebenso gut wie Rot, aber nicht oder doch in höchst unvollkommener Weise Orange sehen, und der vollkommen Gelbblinde zwar ebenso vollkommen Blau als Rot sehen, aber in Ansehung des Violett sich defekt erweisen.

Die Erfahrungen, die hier bereits gemacht worden, sind, soweit sie reichen, hiermit in bester Übereinstimmung. Es scheint durchaus unrichtig, daß die Farbe, welche die Gelbblinden außer dem Rot sehen, Grün, es spricht vielmehr alles dafür, daß sie Blau ist. So insbesondere auf Grund der an einem nahezu vollständig Gelbblinden von Dr. Kirschmann gemachten und in den von Wundt herausgegebenen philosophischen Studien mitgeteilten Beobachtungen. Der Fall war dadurch ausgezeichnet, daß die Gelbblindheit auf das rechte Auge beschränkt war und darum Farbenvergleiche mit Eindrücken des normalen Auges gemacht werden konnten. Da zeigte es sich denn unwidersprechlich, daß das farbenblinde Auge außer Rot auch noch Blau, aber schier keine Spur von Grün sah, und wiederum, daß es, obwohl im vollkommensten Besitz der beiden im Violett vereinigten Farbenelemente, ein Violett gar nicht oder doch nur höchst unvollkommen zu empfinden vermochte, worin für uns die Bewährung der für den Entfall des Grün beim Rotblinden erwarteten Analogie gegeben ist[6].

Und so zeigt sich denn überhaupt, daß auch die Tat=
sachen der Farbenblindheit sich unschwer und insbesondere mit
größerer Leichtigkeit als der Hypothese der antagonistischen
Farbenpaare, der von uns verfochtenen Lehre anpassen lassen.

f) Es bleibt uns nur noch auf das letzte Argument mit
einem Worte zu erwidern. Wenn man behauptet, daß bei
Herabsetzung des Lichtes vor dem Verschwinden jeder einiger=
maßen gesättigten Farbenqualität ein Grün bemerkt werde, so
muß ich bestreiten, daß diese Beobachtung exakt sei, wie denn
schon der Mangel an Übereinstimmung in der Charakteristik der
Farben vor ihrem Verschwinden die Berichte uns verdächtig
machen muß. Einer will Karminrot, Blau und Gelbgrün
als die drei zuletzt noch sichtbaren Reste von gesättigter Farbe
bemerkt haben. Ein andrer dagegen spektrales Rot, also ein
Rot, welches, mit Karminrot verglichen, bereits ins Gelbe sticht,
Violett und Grün; noch andere wieder anderes. Indem ich selbst
die Erscheinung musterte, bemerkte ich mit aller Deutlichkeit in
allen Teilen des Spektrums vor dem Erlöschen des gesättigten
Farbentones überhaupt ein schmutziges, stark mit Grau ver=
mischtes Olivgrün, also eine Vereinigung von allen Farben=
elementen.

Die Erklärung dafür habe ich schon in meinem auf dem
Münchener Psychologenkongreß vom Jahre 1895 gehaltenen Vor=
trag gegeben. Sie besteht darin, daß die Grade der Intensität
als Grade der Dichtigkeit begriffen werden müssen. Es gilt
dies beim Gesichtssinn wie bei den andern Sinnen. Dieser aber
hat das Eigene, daß die unmerklich kleinen leeren Stellen durch
Schwarz ausgefüllt werden und daß bei ihm ein Gesetz des
simultanen Kontrastes besteht, welches bei der schwachen Er=
regung einer gesättigten Farbe die von ihr leer gelassenen Stellen
durch ihre Kontrastfarbe ausfüllen läßt. Und so kommt es denn
bei sehr starker Herabsetzung des Lichtes in jedem Falle zu einem

Gemenge derselben drei gesättigten Farben, mit welchen dann auch noch Schwarz und Weiß in verschiedenem Verhältnis sich verbinden. Man braucht nur einen Blick auf die Farbentafeln von Chevreul zu werfen, um sich zu überzeugen, wie auch er in dem ganzen Spektrum ein schmutziges Olivgrün oder (wie ich es lieber nennen möchte) ein schmutzig rötliches Grün mit mannigfach wechselndem Verhältnis der fünf Komponenten erkannt hat.

So fehlt denn dem Argumente unserer Gegner jede Erfahrungsunterlage.

Und zu was für Paradoxen würde man ja auch gelangen! Nach Brücke wäre Violett eine der einfachen Farben, da es doch leichter als jede andere gesättigte Doppelfarbe als zusammengesetzt, und zwar aus Rot und Blau, zu erkennen ist. Nach Helmholtz aber wäre eines der Elemente nicht Grün, sondern, wie er selbst sich ausdrückt, ein gelbliches Grün, also eine Farbe, welche auch als zusammengesetzt sich verrät und wo als eines der Elemente Gelb zu unterscheiden ist. Und so dürfte denn auch dieses letzte Argument zugunsten des elementaren Charakters von Grün als vollständig widerlegt betrachtet werden.

So scheint mir denn nicht bloß die Zusammensetzung des Grün aus Blau und Gelb durch die vielfältigsten Beweise dargetan, sondern auch durch Widerlegung der Einwände gegen jeden Angriff gesichert.

5. Physiologen und Psychologen haben in rühmenswerter Weise durch vielfache Anstrengungen die Lehre von den Farbenqualitäten systematisch auszuarbeiten gesucht. Entschieden hat Helmholtz sich durch Hervorhebung der Bedeutung von Youngs psychologisch-optischen Arbeiten ein Verdienst erworben, Hering aber wesentliche Mängel der Young-Helmholtzschen Theorie aufgedeckt, und insbesondere Weiß und Schwarz als elementare Farbenqualitäten zur Geltung gebracht, während man vor ihm Weiß aus allen Farben gemischt, Schwarz aber sogar für ein

Nichts, für eine bloße Privation von Farbenerscheinung hatte erklären wollen. Auch vertrat er mit gesundem Sinn das Recht der psychischen Farbenanalyse und protestierte dagegen, wenn man z. B. das Violett, das direkt in so vollkommener Deutlichkeit als Blaurot erkannt wird, mittels sehr komplizierter Beweisführung als Grundfarbe dartun wollte; ein Fehler, in den Young selbst schon verfallen ist und infolge davon seiner ursprünglichen Aufstellung von Rot, Gelb und Blau als Grundfarben, die offenbar die unmittelbare Wahrnehmung ihm empfohlen hatte, Rot, Violett und Grün an die Stelle gesetzt hat.

Bei so vielem, was der Heringschen Hypothese den Vorzug gibt, zeigt sie sich aber doch nicht imstande, die Young-Helmholtzsche Ansicht gänzlich zu verdrängen. Der Grund davon dürfte in den vorausgehenden Erörterungen klar hervorgetreten sein. Auch Herings Theorie vermag nicht allen Tatsachen gerecht zu werden, und es vermag es keine, welche nicht die Zusammensetzung des Grün aus Blau und Gelb anerkennt. Durch sie, welche bei minder gründlicher Untersuchung der Tatsachen am greifbarsten mit ihnen in Widerstreit scheint, werden sie bei sorgfältiger Erwägung allein miteinander in Einklang gesetzt, und wir sind dann auch imstande, das Gute, was einerseits in der Young-Helmholtzschen, anderseits in der Heringschen Theorie enthalten war, gerecht und dankbar zu werten.

Mit Young erkennen wir drei gesättigte Farbenelemente an, ja es sind sogar dieselben, welche er ursprünglich aufgestellt hatte. Mit Hering lehren wir, daß Weiß und Schwarz ebenso einfache Farbenelemente sind als jene, und daß die Verweißlichung bei der Verbindung verschiedenfarbiger Lichter nicht als eine Mischung der Farben zu Weiß, sondern als eine Verdrängung durch Weiß, als der Sieg einer gleichzeitigen Weißtendenz über die Tendenz zu gesättigten Eindrücken zu betrachten ist. Auch hatten wir, nicht gerade unmittelbar, aber doch mittelbar die Erscheinungen der Nachbilder nach seinem Vorgang auf den Wechsel von Assimilation und Dissimilation zurückzuführen.

Möchte dies Aufgeben eines Lehrsatzes, der den beiden sich bekämpfenden Schulen gemeinsam ist, sich als dasjenige erweisen, was es ihnen möglich macht, ihre beiderseitigen Verdienste in vollem Umfang zu würdigen!

Wenn ich es aber mit Freuden sehen würde, wie man dann dem einen und andern großen Forscher allseitig gerechte Anerkennung zollte, so würde es mir begreiflicherweise zugleich zur Befriedigung gereichen, auch von unserm Goethe zeigen zu können, daß er einen glücklichen Beitrag zur Farbenlehre geliefert habe. Wie immer vieles in seinen Ausführungen nicht gebilligt werden kann, von einer guten Beobachtungsgabe gibt er mehr als einmal Zeugnis, und sie bewährt sich gerade in unserm Falle aufs schönste, wenn er benjenigen gegenüber, welche das Grün als einfache Farbe aufführen wollen, die unmittelbare Erfahrung geltend macht. Wenn man „der Natur die Ehre erzeige", sagt er, und „das Phänomen ausspreche, wie es ist", so könne man nicht anders sagen, als daß „an kein einfaches Grün zu denken sei", daß es vielmehr in jedem Falle aus „Blau und Gelb" bestehen müsse.

Anmerkungen.

1 (S. 138). Daß dieses Gesetz der Verdrängung der gesättigten Farben durch Weiß ein letztes Gesetz sei, soll damit keineswegs behauptet werden. Daß es aber bei herabgesetzter Lichtstärke zu einem recht wohl merklichen Rotgrün, d. i. Rot=Blau=Gelb, kommen kann, steht damit in Zusammenhang, daß bei der Abnahme des Lichtes die Tendenz zur Erregung des Weiß stärker abnimmt als die zur Erregung der gesättigten Farben, sowie auch wohl, wie ich anderwärts ausgeführt habe, mit der Einmischung simultaner Kontraste.

2 (S. 141). Die Maler pflegen das durch Mischung roter und grüner Pigmente gewonnene Grau ein „feines Grau“ zu nennen. Sie bemerken also wohl eine gewisse Differenz von dem aus Schwarz und Weiß gemischten, welche sie aber nicht näher zu analysieren vermögen, und darum (was doch sehr bezeichnend ist) trotz der Erfahrung, daß eine Mischung von grünen und roten Pigmenten sie zu diesem Grau geführt hat, nicht als einen „rötlich=grünen Stich“ zu charakterisieren sich erlauben. Auch auf dem optischen Farbenkreisel gemischtes Rot und Grün unterscheidet sich immer etwas von einer daneben vorgenommenen Mischung von Schwarz und Weiß. Ich erinnere mich, daß Dr. Franz Hillebrand mir erzählte, wie oft er sich im physiologischen Institut von Hering selbst, aber immer mit gleichem Mißerfolge, um die Herstellung einer vollkommenen Farbengleichheit zwischen der einen und anderen Art von Mischung bemüht habe.

3 (S. 143). Dies, obwohl der letzte Versuch nur in der Art gemacht werden könnte, daß man beim Übergang vom Rot zum Grün einen Umweg, z. B. den über Blau, nähme. Es ist klar,

daß, wenn die Zahl der ebenmerklichen Unterschiede des Rot vom
Blau plus der Zahl der ebenmerklichen Unterschiede des Blau
vom Grün, sich, wie ich in der Tat vermute, als kleiner heraus=
stellen sollte, als die Zahl der ebenmerklichen Unterschiede zwischen
Rot und Weiß, die Überlegenheit des Abstandes der beiden letzten
gegenüber dem Abstand von Rot und Grün noch auffallender ge=
macht wäre. Auch der Übergang von Blau zu Gelb durch Grün,
welcher der nächstmögliche ist, wäre nach der Ansicht meiner
Gegner — nicht aber ebenso nach der meinigen — nicht direkt,
sondern einer gebrochenen Linie vergleichbar.

4 (S. 144). Wundt behauptet, die Lehre von der spezifischen
Sinnesenergie könne nicht richtig sein, weil in den verschiedenen
Sinnesnerven (und dasselbe gelte auch von den tiefer liegenden
Organen, zu denen sie führen) kein Unterschied der Struktur sich
entdecken lasse, also auch keiner vorhanden sei. Der ganze
Grund der spezifischen Verschiedenheit der Leistung müsse daher in
den äußeren Endorganen der Sinne liegen. Wenn nun aber die
Anhänger der von ihm bekämpften Lehre die Tatsache geltend=
machen, daß auch bei einer Reizung, die nicht vom äußeren End=
organ ausgeht, ja sogar nach dem Verlust desselben stattfindet,
jeder Nerv in einer konstanten, besonders spezifizierten Weise
reagiert, so will er dies daraus erklären, daß dieser Nerv zuvor
schon vom äußeren Endorgan her gereizt und dadurch in seiner
Struktur modifiziert und für alle künftigen Leistungen spezifiziert
worden sei. Wer sähe nicht, daß Wundt hier am Ende alles das
zugibt, was er am Anfang bestritten und nur noch eine durch
nichts erwiesene Behauptung über die Weise der Entstehung jener
besonderen Struktur hinzugefügt hat? — Wäre der Umstand, daß
wir keinen Unterschied bemerken, wirklich zum Nachweis dafür, daß
keiner vorhanden sei, ausreichend, so würde er wie gegen die An=
nahme einer angeborenen so auch gegen die einer erworbenen Be=
sonderheit entscheidend sein.

5 (S. 147). In unvollkommener Weise, d. h. in sehr geringer
Sättigung, sind Rot, Blau und Gelb in vielen Fällen vereinigt
gegeben. Ja, wie es gewiß ist, daß wir nie eine einfache Farbe
ganz rein für sich empfinden, so möchte ich vermuten, daß nie eine

Farbe vorkomme, die nicht irgendwie, wenn auch für uns un=
merklich schwach, zugleich etwas in jede der fünf einfachen Farben
spielte. Im Gegensatz zu dem, was jene lehren, welche ein Rot=
grün schlechterdings für ausgeschlossen halten, würde hiernach viel=
mehr alles, was wir sehen — nur freilich sehr ungesättigt und
mit mannigfacher Variation in dem Verhältnis der drei Farben=
elemente im engeren Sinne, des Rot, Blau, Gelb — ein Rotgrün
zu nennen sein. Man wird hier eine gewisse Verwandtschaft mit
der Helmholtzschen Lehre, daß von jeder Art Welle alle Arten der
Sehnerven in gewissem Maß angeregt werden, leicht bemerken.
Die grünlichen Nebel, durch welche der an Glaukom Erkrankte
belästigt wird, sind nicht rein grün, sondern entschieden rotgrün.

6 (S. 148). Ich kann es mir nicht versagen, aus dem von
Dr. Kirschmann a. a. O. gegebenen sehr ausführlichen Berichte
so viel mitzuteilen, als zur Illustration des Falles notwendig erscheint,
indem ich im übrigen auf die betreffende Abhandlung verweise.

Versuchsperson: Dr. A., Universitätsprofessor, Botaniker, in
optischen Untersuchungen geübt, und für die Frage interessiert.
Die Versuche wurden durch zwei Semester fortgesetzt. Beim rechten
Auge angeborene partielle Farbenblindheit, das linke normal.
Keinerlei Sehstörungen anderer Art.

Die erste Versuchsreihe wurde am Spektroskop angestellt; sie
ergab folgende Resultate:

Rechts	Links
689—594 $\mu\mu$ = Rot	{ 701—623 = Rot
	{ 623—589 = Orange
594—579 „ = Blaßgelb oder Weiß	589—579 = Gelb
579—561 „ = Blaßblau, fast Grau	579—496 = Grün
561—432 „ = Blau	496—443 = Blau
432—390 „ = Violett, Graublau, Grau	443—398 = Violett

Helligkeitsmaximum rechts zwischen 589 und 555 $\mu\mu$,
links zwischen 589 und 582 „

Frauenhofersche Linien A = 19,5; B = 29,5; C = 35;
D = 50; E = 69; F = 87; G = 122,5; H$_1$ = 154,5.

Bei größerer Spaltöffnung:

Rechts			Links	
710—606 $\mu\mu$	=	Dunkelrot	732—632 = Dunkelrot	
			632—619 = Glühendrot	
606—589 „	=	Blaßrot	619—601 = Orange	
		bis Weiß	601—589 = Gelb	
589 „	=	Weiß	589—507 = Grün	
589—539 „	=	Blaßblau		
539—434 „	=	Intensivblau	507—429 = Blau	
434—411 „	=	Dunkelblau	429—390 = Violett	
411— ? „	=	Grau, vielleicht eine		
		Spur von Violett.		

$$\text{Helligkeitsmaximum} = 589\text{—}555 \ \mu\mu \ \text{rechts,}$$
$$„ \quad 589 \quad „ \ \text{links.}$$

Eine zweite Versuchsreihe, wo statt des Sonnenlichts Flammen angewandt wurden, ergab wesentlich Ähnliches. Eine dritte bezog sich aufs objektive Spektrum (S. 200 f.) und stellte fest:

Rechts

Gelb und Orange genannt Rot
Gelb „ farblos, weiß
Gelbgrün „ teils grau, teils bläulich
Grün
Blaugrün
Blau „ schönes Blau (mit Intensitäts-
Indigo unterschied)
Violett
äußerstes Violett „ Grau.

Links: Alle Farben normal.

Eine vierte mit Wollproben (S. 199) zeigte die Verwechselung von Orange, Gelb, Grünlichgelb mit mehr oder minder rötlichem Weiß oder Grau, von Dunkelgrün und Gelbgrün mit Dunkelblau und Blaßblau, von Hellgrün und Hellviolett mit Hellgrau und Perlgrau, Violett mit Schwarz oder Grau.

Eine fünfte Reihe von Versuchen beschäftigte sich mit den Nachbildern von spektralem Licht (S. 202).

Wirklich induzierende Farbe	Angeblich induzierende Farbe	Nachbild
Rechts		
Spektrales Rot	Rot	Blau
„ Rotorange	Rot	Blau
„ Gelborange	Hellrot	Bläulich
„ Gelbgrün	Blaugrau	Rötlich
„ Grün	Blau	Rot
„ Blaugrün	Blau	Rot
„ Blau	Blau	Rot
„ Indigo	Blau	Rot m. etwas Orange
„ Violettblau	Blau	schmutzig Rot

Links: normal.

Die simultanen Kontrasterscheinungen waren beim rechten Auge sehr schwach, im übrigen aber in vollkommener Übereinstimmung mit den Nachbilderversuchen.

Eine siebente Klasse von Versuchen gewann durch Spektral= vergleich beider Augen folgende Resultate:

Stelle des Spektrums	Rechts	Links
765—733 $\mu\mu$ farblos=unsicher		etwas rötlich
684—678 „ Rot		Rot (identisch)
641—632 „ intensiv Rot		„ „
632—623 „ Rot		Rot mit etwas Orange
609—605 „ Hellrot m. etwas schmutzig Weiß		Orange
589—586 „ schmutzig Weißorange		Gelb
582—578,5 „ Hellgrau oder Weiß		Gelb
575—561,5 „ Silbergrau (bläulich)		Grünlichgelb
561,5—558 „ Hellblaugrau		Gelbgrün
548—542 „ Vergißmeinnichtblau		Grasgrün
524,5—519 „ Himmelblau intensiv		reines Grün
511,5—506,5 „ reines Blau (aconitum)		Sattgrün
500—495,5 „ Tiefblau		bläulich. Grün
489,5—486 „ Blau		Blaugrün

Stelle des Spektrums	Rechts	Links
483,5—480 $\mu\mu$	reines Blau	reines Blau
476—471 „	reines Blau	fast identisch, etwas dunkler
471—466,5 „	Blau	Blau
463—458,5 „	Blau	Violettblau
448,5—444 „	Dunkelblau	Violett
434—428 „	schmutziges Graublau	„
412—404 „	Hellgrau	„
402—396,5 „	Grau	„
394—388 „	schwaches Grau	noch eine Spur Violett

Aus allem gelangt Dr. Kirschmann (S. 227) zu folgender Charakteristik:

Der Fall, sagt er, sei ein Fall von monokularer, partieller Farbenblindheit, bei welcher Violett, Grün, Gelb und ihre Über= gänge zu anderen Farben gänzlich fehlten, während Rot und Blau blieben und zwar genau so, wie für das farbentüchtige Auge. Es sei ein Fall von „vollkommener Violett = Grünblindheit bei völliger Erhaltung der übrigen Qualitäten".

Ich glaube, daß es passender ist und genauer mit den obigen Daten stimmt, wenn wir sagen, daß es ein Fall von nahezu voll= ständiger Gelbblindheit sei, an welche notwendig in entsprechendem Maße Grünblindheit und Violettblindheit sich knüpfen; die eine, weil jedes Grün Gelb enthalten muß, die andere infolge des von uns oben ausgesprochenen Gesetzes, welches auch beim Rotblinden das Sehen des Grün beeinträchtigt und eventuell beim Blaublinden das des Orange benachteiligen würde.

Zur Frage von der multiplen Qualität.

Nachweis inneren Widerstreites in der Annahme von Qualitäten zwischen anderen, für welche eine ähnlich mittlere Lage von vornherein ausgeschlossen erscheine.

---

1. Jeder der hier vereinigten Vorträge berührt mehrfach die Frage nach der qualitativen Zusammensetzung gewisser sinnlicher Phänomene. Ich habe mich mit Entschiedenheit dafür ausgesprochen, daß es in Wahrheit multiple Qualitäten gebe und eine ganze Reihe von Gründen dafür geltend gemacht (vgl. S. 15 ff., 58, 81 f., 113 f., 129 f.). Unter ihnen findet sich auch das Zeugnis bedeutender Physiologen, welches verhindern soll, daß die entgegengesetzte Meinung gewisser anderer auf autoritätsgläubige Gemüter einen allzu großen Eindruck mache.

Indes muß ich bekennen, daß mancher von diesen Forschern sich nicht klar genug darüber ausspricht, ob es sich bei Phänomenen, wie Orange, Violett, wirklich um qualitativ zusammengesetzte Erscheinungen und nicht vielmehr um eine bloße Zusammensetzung physiologischer Prozesse handle. Möglich, daß er nur an diese glaubt und, wie jeden vereinzelten Prozeß, so auch ihre Vereinigung eine einfache Qualität zur Erscheinung bringen läßt, aber mit der charakteristischen Besonderheit, daß diese zwischen jenen anderen liege. Bei den den einfachen physiologischen Prozessen entsprechenden einfachen Qualitäten dagegen soll der Fall einer ähnlichen Mittelstellung zwischen zwei oder mehreren anderen durch die Natur des Phänomens von vornherein ausgeschlossen erscheinen. So wäre denn nach ihm zwar allerdings in einem physiologischen Sinne zwischen einfachen und multiplen Qualitäten, psychologisch aber, genau gesprochen, nur zwischen einfachen extremen und einfachen Zwischenqualitäten zu unterscheiden. Die Tatsache, daß derselbe Sinnesraum nicht von mehreren Qualitäten eingenommen werden kann, die auch wir anerkennen mußten, und das Übersehen der Möglichkeit einer Vermengung unmerklich kleiner phänomenaler Teile konnten zu einer solchen Auffassung verleiten.

2. Obwohl ich nun dieselbe schon früher als völlig un=
haltbar erwiesen zu haben glaube, will ich es nicht unterlassen, hier noch darauf aufmerksam zu machen, daß diese Lehre Momente in sich schließt, die, wie auch immer an und für sich zu billigen, nur von unserem Standpunkt aus eine vernünftige Berechtigung haben können. Fragt man z. B., ob die gerade Linie, welche vom Rot zum Gelb durch das Orange führen soll, eine weitere Fortsetzung über das Rot oder Gelb hinaus als denkbar zu=
lasse, so wird erklärt, eine solche erscheine nicht bloß tatsächlich, sondern von vornherein unmöglich. Die Natur des Rot wie des Gelb schließe dies sichtlich aus. Und es würde darum auch keineswegs ebenso passend sein, statt des Rot und Gelb zwei Nuancen von reinem Orange auszuwählen, sie mit besonderen Namen zu bezeichnen und alle anderen Farben, die mit ihnen sozusagen zu derselben geraden Farbenlinie gehören, durch Angabe des Abstandes von jeder dieser beiden Nuancen zu charakterisieren. Doch ist es leicht, zu zeigen, wie unhaltbar eine solche Lehre ist. Denn wenn Rot nicht einfacher wäre als eine gewisse Nuance von Orange, wenn es sich nicht dadurch unterschiede, daß diese noch einen Teil Gelb in sich hat, während jene noch nicht ganz

von Gelb frei ist, so wäre es gar nicht abzusehen, wie es zu einem natürlichen Maximum des Abstandes von Gelb in ein und derselben Richtung kommen sollte. Die Farbenlinie soll ja gerade sein in einem der Geraden im ebenen Raume entsprechenden Sinne. Und wie also die gerade Linie im ebenen Raume ihrer Natur nach eine Verlängerung ins Unendliche zuläßt, so müßte auch die Orangelinie zweifellos eine indefinite Verlängerung sowohl über das Rot als über das Gelb hinaus (wie immer sie sich vielleicht tatsächlich für uns als unmöglich erwiese) doch als an und für sich denkbar erscheinen lassen. Das Gegenteil gilt nur auf dem Standpunkt derer, welche das Orange nicht als Zwischenqualität, sondern als wahre Doppelqualität fassen. Denn die Abnahme der einen ,im Verhältnis zur anderen hat dann in dem Nullpunkt ihre durch die Vernunftgesetze selbst ge= forderte Grenze.

Es ist offenbar, man hat nur die Wahl zwischen gleichmäßig für alle einfachen Qualitäten be= stehender Möglichkeit oder Unmöglichkeit einer Zwischenstellung zu anderen einfachen Qualitäten.

Vielleicht darf ich hoffen, daß dieser Nachweis der inneren Disharmonie der Lehre, welche zwar Zwischenqualität und extreme Grenzqualität, nicht aber eigentliche Mehrqualität im Gegensatz zur einfachen zugibt, es manchem noch erleichtern werde, sich von der ausschließlichen Zulässigkeit meiner Auf= fassung von der qualitativen Zusammensetzung zu überzeugen.

―――――

Von demselben Verfasser erschienen:

Von der mannigfachen Bedeutung des Seienden nach Aristoteles. Freiburg i. Br. 1862, Herder.
Preis M. 3.—.

Die Psychologie des Aristoteles, insbesondere seine Lehre vom νοῦς ποιητικός. Mainz 1867, Kirchheim.
Preis M. 4.—.

Psychologie vom empirischen Standpunkt. I. Band. Leipzig 1874, Duncker & Humblot. Preis M. 7.20.

Über die Gründe der Entmutigung auf philo= sophischem Gebiete. Wien 1874, Braumüller. (Ver= griffen.) Preis 1 Kr.

Was für ein Philosoph manchmal Epoche macht. Wien, Pest und Leipzig 1876, Hartleben. Preis 0.50 Kr.

Neue Rätsel von Aenigmatias. Wien 1879. (Ver= griffen, neue stark vermehrte Auflage in Vorbereitung.)

Über den Creatianismus des Aristoteles. Wien 1882, Tempsky. (Vergriffen.) Preis 0.60 Kr.

Offener Brief an Herrn Professor Dr. Eduard Zeller aus Anlaß seiner Schrift über die Lehre des Aristoteles von der Ewigkeit des Geistes. Leipzig 1883, Duncker & Humblot. Preis M. 1.—.

Vom Ursprung sittlicher Erkenntnis. Leipzig 1889, Duncker & Humblot. Preis M. 2.80.

Dasselbe in englischer Übersetzung unter dem Titel:
The Origin of the Knowledge of Right and Wrong (translation by Cecil Hague). West-minster 1902, Constable.

Das Genie. Vortrag, gehalten im Saale des Ingenieur-
und Architektenvereins in Wien. Leipzig 1892, Duncker &
Humblot. Preis 80 Pf.

**Das Schlechte als Gegenstand dichterischer Dar-
stellung.** Vortrag, gehalten in der Gesellschaft der
Literaturfreunde zu Wien. Leipzig 1892, Duncker &
Humblot. Preis 80 Pf.

Über die Zukunft der Philosophie. Wien 1893, Alfred
Hölder. Preis M. 2.—.

**Die vier Phasen der Philosophie und ihr augen-
blicklicher Stand.** Stuttgart 1895, J. G. Cottasche
Buchhandlung Nachf. Preis M. 1.—.

Meine letzten Wünsche für Österreich. Stuttgart 1895,
J. G. Cottasche Buchhandlung Nachf. Preis M. 1.20.

Zur eherechtlichen Frage in Österreich. Krasnopolskis Rettungsversuch einer verlorenen Sache. Berlin
1896, J. Guttentag. Preis M. 2.—.

Krasnopolskis letzter Versuch. Wien 1896. Verlag
„Die Zeit", Leipzig. In Kommission bei J. J. Arnd.